Günter Kunert

Verspätete Monologe

Carl Hanser Verlag

ISBN 3-446-13314-3

Umschlag Klaus Detjen, unter Verwendung von
»Vanitas-Stilleben« eines Leidener Meisters um 1628-30
Satz: LibroSatz, Kriftel
Druck und Bindung: Kösel, Kempten
Printed in Germany

Für Marianne –
ein Buch und eine Widmung mehr
und sonst auch nichts weniger

In Buch umzingelt

ALS WIR HEIMKEHRTEN in jener Nacht vom neunzehnten auf den zwanzigsten August, stand, um eine Vorahnung zu bestätigen, ein Funkwagen vor unserer Toreinfahrt, und ein Polizist gab sich mühevoll den Anschein, den Ausweis eines jungen Mannes zu kontrollieren; eine Szene, für den Augenblick unserer Ankunft arrangiert, um sich sogleich, nachdem wir im Hause verschwunden waren, in der späten Dunkelheit aufzulösen.

Am nächsten Morgen das Erwachen war schon umzingelt.

Schräg gegenüber auf der anderen Straßenseite ein »Wartburg«, am Steuer ein Zeitungsleser. An der Hauptstraße Pöllnitzweg, wo Parkverbot besteht, auf einem Sand- und Dreckstreifen neben der Fernheizleitung ein weißer »Schiguli«-Kombi und ein »Trabant«. Die Insassen, von der sommerlichen Hitze aus den Blechkarossen getrieben, standen gelangweilt umher.

Manchmal stiegen sie erneut in ihre Wagen zurück, bedeutungsvolles Türenklappen, Aufheulen des Motors, nach ein paar Radumdrehungen rastend und wartend, als müßten sie sich angestrengt zurückhalten oder würden gerade noch knapp gebändigt, um doch in der nächsten Sekunde loszuschlagen. Wesenlose Gestalten dabei, denen jede Individualität untersagt ist. Ihre Erscheinungsweise, ihr Beieinanderstehen kennt man von Pressefotos, heimlich geknipst in geographischer Ferne, oder aus Bildern deutscher Vergangenheit, aus der deutschen Misere, deren Fortsetzer und Verlängerer sie sind, ohne es zu wissen, und, falls sie es erführen, dieses Wissen leugnen würden.

Wechseln wieder und wieder den Standort, grundlos und beabsichtigt, wie ihre Anwesenheit aller Vernunft entbehrt und genau überlegt ist. Weil ich keinen Menschen ermordet habe, tauchten sie aus uneinsichtiger Spekulation auf, und weil ich weder eingebrochen noch gestohlen und nicht einmal Landesverrat begangen habe: Selbst in Briefen und Telefongesprächen stets den Zorn über diese reale Realität unterdrückt oder Hinweise darauf, daß normale Menschen gewöhnlich das Weite suchen, wenn die Träume verstorbener Mitbürger doch noch wahr werden. Trotzdem lehne ich hinter der Gardine wie K. im »Prozeß« – voller ängstlicher Verwunderung, voll trüben Staunens vor dem Aufmarsch der Belagerer (sieben gegen einen), und vor der Sinnlosigkeit des Vorfalls, über den mich keiner aufklärt.

Aber Kafkas prophetisches Buch weist die einzig erdenkliche Wahrheit aus: Der Schuldlose muß der anonymen Gewalt anheimfallen. Ein Einziger reicht aus, ihre Rechtmäßigkeit zu widerlegen. Er muß verschwinden. Drohung soll ihn verjagen. Er entspricht nicht dem Bild, das die Wirklichkeit verbirgt, und je mehr er sich in der Öffentlichkeit versteckt, desto offenkundiger erscheint das Bild als pures Bild und das Bild als mißlungen, weil befleckt von seiner Anwesenheit.

Damit das Bild nicht unversehens die Wahrheit überwältigt, auch darum gehen wir nicht aus dem Haus. Wir gehen nicht aus dem Haus, weil Verfolgtwerden wie Verfolgen die beiden Seiten einer Münze sind, endgültig zu Kleingeld geworden, inflationär entwertet. Wir bleiben im Hause, um die unsichtbare Schranke zu bewahren, die uns von den Gestalten draußen trennt, weißen Hemden, roten Schlipsen, und dem Farbsinn, der ihr eigenes Innerstes stofflich nach Außen kehrt – mehr trennt uns als die Idee von der Freundlichkeit der Welt, mehr als die Deklaration der Menschenrechte an einem zerkrümelten Datum, hinter dessen kalendarische Unwiderlegbarkeit sie jedoch zurückgefunden haben, in eine andere Vergangenheit, aus der sie hin und wieder Jagdausflüge in die augenblickliche unternehmen.

So nehmen wir einander wahr. Drei Tage lang, vom frühen Morgen bis zum späten Abend. Sie glauben zu wissen, worauf sie hier warten. Daß wir endlich werden wie sie: taub, stumm und blind. Tote Seelen, beschäftigt mit Friedhofspflege, einen zufriedenen Zug um den versteinerten Mund. Wir aber sind Lebende, noch.

»Entwertet«

JEMAND, WIRD MIR berichtet, liegt leidend im Bett eines Krankenhauses und entleiht aus der Bücherei, die in kleiner Auswahl per Karre von Zimmer zu Zimmer gefahren wird, ein Kunert-Buch (»Kramen in Fächern«), das er jedoch nicht auslesen kann, weil bereits nach zwei Tagen der Bibliothekar erscheint und das Buch zurückfordert. Auf die Frage nach dem Warum solcher Eile, heißt es, die Bücher dieses Autors würden jetzt zwecks Vernichtung aus den öffentlichen Büchereien entfernt. Als jener Kranke bittet, ihm doch das Buch einfach zu überlassen, reißt der Bibliothekar vom Rückdeckel den Entleihzettel ab und stempelt auf das Titelblatt des Bandes das Wort »Entwertet« und verlangt nun seinerseits, nichts über seine Unkorrektheit gegenüber der amtlichen Anordnung verlauten zu lassen. Fast eine Verschwörung, während welcher die Beteiligten vielleicht vergessen haben, daß alles mit der Vernichtung von Büchern anhebt, um mit der ihrer Autoren zu enden.

Etwas für Herodot

JEDE WAND WEISSGEKACHELT hinter der dunkelfurnierten Tür mit der stilisierten Vorderansicht eines Menschen, der ein Mann ist; Symbol, das vor dieser Pforte die Geschlechter trennt. Gleich dahinter und rechts um die Ecke zwei Personen nebeneinander: Der eine ist der andere, und der andere bin ich. Gesenkten Hauptes, wie in Trauer, und blinden Auges, als gäbe es hier nichts zu sehen oder nur, was man ohnehin kennt, doch das kann die Wahrheit nicht sein. Der Schwung des Beckens, von entsprechenden Firmen »Urinal« genannt, greift jedem in diesem Raum in Schenkelhöhe entgegen; eine starre und laszive Geste. Zugleich steht man so dicht vor der Wand, als erwarte man einen Schuß von hinten, den Rücken nahezu sorglos allen möglichen Hähnen, Hebeln, Spiegeln, Chromgestängen und Automaten zugekehrt, von denen wir wissen, daß ihr Inhalt der Bevölkerungsexplosion Einhalt geböte, aber, wie alle nützlichen Erfindungen zum Wohle der Menschheit, sich am falschen Ort befindet. Doch selbst wenn man mit dem Filzstift in Versalien querdrüber ein »NACH INDIEN« schriebe, dieser individuelle demokratische Akt zur Eindämmung unvorstellbar ferner Schwangerschaften und Geburten würde eher als Sachbeschädigung mißverstanden, denn als letzte Mahnung vor der Katastrophe. Weil, wo viel Ordnung herrscht, auch viel Mißverständnis entsteht.

Dann wendet sich der neben mir um, seine Hose schließend, der Blick nahezu unkenntlich hinter einer starken Brille, graues, verwirrtes Haar beidseitig einer Stirnglatze, Jackett und Hose von zwei verschiedenen Anzügen, am Revers ein abnorm großes Abzeichen, auch ein Schlips hängt von einem Kragen herab, also muß ein Hemd dasein, insgesamt Tarnkleidung, weil man sie noch während des Hinschauens vergißt.

Er wendet sich an mich in einer Sprache, von der ich vermute, es soll Russisch sein. Kaum habe ich stumm meine Unkenntnis eingestanden, wechselt er ins Deutsche, ergreift unerwartet meine Hand und stellt sich vor und stellt fest:

»Du bist doch Deutscher?!« und verlangt meinen Namen zu erfahren, den ich bereitwillig, aber nicht ohne Zaudern, ihm nenne.

»Bist du aus Westberlin?!« will er weiterhin wissen, doch auch in dieser Hinsicht irrt er sich in seinem Gegenüber, das eingesteht, aus Ostberlin zu sein. Ostberlin kenne er nicht:

»Du meinst die Hauptstadt, oder was meinst du?!« Dies bereits mit insistierendem Unterton, so daß man zugeben muß: Just diese meine man. Obwohl er grimassierend sich um Artikulation bemüht, klingt alles undeutlich, was er sagt, und zu der Undeutlichkeit seiner Aussprache gesellt sich als zweite Verständigungsschwierigkeit die Undeutlichkeit seiner Absicht:

»Du kennst doch Max Plamdicks Eisdiele in der Schönhauser Allee?!« bestimmt er, doch können wir ihm nicht zustimmen. Jetzt ist es an der Zeit, Bedauern zu äußern, was ihn zu der erstaunten Frage veranlaßt:

»Ja, woher bist du denn?!«

»Aus Buch«, sagt in solchem Falle, wer tatsächlich in Buch, in diesem durchgrünten, nordöstlichen Stadtausläufer wohnt. Diesmal befriedigt ihn die Antwort:

»Dann bist du Arzt!« sagt er triumphierend, denn damit tritt er den Beweis an, daß seine Fähigkeit zu logischen Schlußfolgerungen durch das vorangegangene Urinieren keineswegs gelitten hat. Wie sehr muß es ihn treffen, da ich nun seine Berufshypothese abstreite. Ich überlege, ob ich nicht Einverständnis nicken soll, um seiner Seelenruhe willen, doch scheint mir seine Selbstsicherheit derart maßlos, daß ich es für angebracht halte, sie zu reduzieren; zwar ist der Bezirk Buch seit der Jahrhundertwende von Sanatorien, Heilstätten und Kliniken durchsetzt, doch leben daneben auch medizinisch ungebundene Leute.

»Nein, nicht Arzt!«

Er sieht mich so durchdringend an wie es ihm bei seiner Brille und seinem Zustand möglich ist: Ob ich ihn auch nicht belügen würde. Entzifferte man die Runenschrift der tief in sein Gesicht geschnittenen Falten, entnähme man ihr wohl einen kurzen, prägnanten Spruch unaufhebbaren Mißtrauens gegenüber Ärzten. Hier auf der Toilette verleugnen sie sich und auf der Autobahn machen sie sich im Kofferraum heimlich davon, und man kann sehen, wer einem die Zähne zieht oder den Blinddarm! Gleich verzieht er sein Gesicht, als wolle er wieder Russisch reden, um – ins Sprachgewand einer Weltmacht gehüllt – sich die Autorität zu geben, die er sonst nirgendwoher zu nehmen weiß. Irgendetwas arbeitet in ihm aber gegen diesen Drang an, er läßt es bleiben und dreht stattdessen den Wasserhahn auf, um sich die Hände zu waschen, und ich folge am Nebenbecken seinem Beispiel. Anschließend stellt er apodiktisch fest:

»Jetzt müssen wir auch dafür bezahlen!«, tat jedoch nichts in dieser Hinsicht, sondern wartete ab, wie ich reagieren würde. Vielleicht besaß er das tatsachengestützte Wissen, daß Ärzte niemals auf Herrentoiletten zahlen, und er könnte mich, falls ich mich ebenso verhielt, zuletzt doch noch überführen, mein hypokratisches Ethos verleugnet und verheimlicht zu haben. Auf den leeren weißen Steingutteller lege ich aus Mangel an anderer Münze ein Einmarkstück, das er sofort aufnimmt und in die Tasche steckt:

»Damit es nicht gestohlen wird, verstehst du?!«

Und wir gehen zusammen hinaus, beruhigt, daß kein Dieb hier eine Chance hat, wobei ich angesichts der so gänzlich unbenutzten Untertasse bereits die alternative Frage überlege, ob hier nur Geizhälse ihr Bedürfnis verrichten oder ob ein Krimineller unauffällig in der Empfangshalle des Hotels »Unter den Linden« sitzt, Zeitung liest, es zumindest vortäuscht, dabei durch ein Loch im Papier, man kennt das aus vielen Filmen, die Herrentoilette beobachtet, um jedesmal deren Besucher zu folgen und anstelle des Pächters heimlich abzukassieren.

Während ich mich dem Hotelausgang zuwende, tritt mein kurzfristiger Dialogpartner an die Rezeption und reicht dem sorgfältig frisierten Empfangschef meine Mark:

»Hier, fürs Pinkeln, damit's nicht gestohlen wird . . .«

Das vernehme ich gerade noch über einen schon größeren Abstand hinweg und sehe, mich draußen noch einmal umdrehend, durch die Kristallscheibe, wie er immer noch auf den Hotelangestellten einredet, vielleicht sogar wieder in Russisch, des Nachdrucks wegen, diesmal sicher mit mehr Erfolg, weil Verstehen zu erwarten war. Meine

Mark wird irgendwo hinter dem Tresen sicher untergebracht, und der andere, der ich so offenkundig nicht war, geht in Richtung Espresso-Bar ab, und erst viel später, zu spät, bedauerte ich, mich nicht näher nach der Eisdiele von Max Plamdick erkundigt zu haben, möglicherweise ein Treffpunkt besonderer Menschen, eventuell sogar von versprengten Skythen, von denen man zwar viel hört, aber verzweifelt wenig weiß, was in Anbetracht bevorstehender weltgeschichtlicher Zusammenstöße ein Manko darstellt. Mit anhaltendem Unbehagen, daß ich es verabsäumt hatte, etwas für meine Zukunft zu tun, die wohl kaum noch lange auf sich warten lassen würde, bog ich in die Friedrichstraße ein, in die aufgesplitterte Schar eiliger Passanten.

Disziplinierung

Heute wird bei uns zu Haus keiner mehr öffentlich verbrannt, niemand wird auf einem der zentralen Plätze der Stadt vor aller Augen geköpft. Darum nennen wir uns zivilisiert. Verstöße gegen jene, die Macht ausüben, gegen ihre Interessen, welche sie scheinbar objektiven Machtinteressen gleichsetzen, werden nun anders geahndet. Hinter einem unantastbaren Schleier dicht gewirkter, aber unbewiesener Behauptungen und im Schutz einer Sprache, erfunden, um alles Schwarze weiß nennen zu können, finden offenkundig Torturen statt. Zwar geht der Betroffene umher, zeigt sich im alltäglichen Anzug, ißt, trinkt, spricht, als geschehe nicht, was ihm geschieht: seine unauffällige und doch weithin annoncierte Hinrichtung. Zuerst wird ihm das Wort entzogen, später die Stimme und am Ende die Luft, so daß er in seinen vier Wänden an sich selber erstickt, ohne gerade das Aufsehen zu erregen, welches benötigt würde, den Vorgang aufzuhalten. Eines Tages aber bringt man die vertrocknete Gestalt ins Freie und stellt sie aus: Zur Warnung der Lebenden und vor allem – der anderes Leben Wollenden.

Vorschlag für eine Justizreform

Wie im europäischen Mittelalter und gegenwärtig noch immer im Orient Verbrecher an dem Gliede bestraft werden, welches sie für ihre Tat benützten, also Kastration des Mönches, der sein Keuschheitsgelübde brach, Abhacken der Hand des Diebes, so sollte der Staat jene Schriftsteller, die Zweifel an seiner Vollkommenheit und glanzvollen Endgültigkeit durch ihre Werke säen, ebenfalls zum Entzug jenes Körperteiles verurteilen, durch welches das Delikt geschah. Um die erwünschte abschreckende Wirkung zu erreichen, müßte der Vollzug öffentlich stattfinden. Um mögliche Proteste des immer verständnisunwilligen Auslands abzufangen und unsre besondere Humanität aufs neue unter Beweis zu stellen, dürften den Delinquenten nach ihrer Bestrafung Prothesen zugestanden werden: Plastikköpfe; schon um die Einheitlichkeit des Straßenbildes zu wahren.

Von anderen Ängsten

Ängste einzugestehen, und sei es abgemildert durch Objektivierung und Aufdecken ihrer Gründe, fällt schwer. So wie sich nackt auszuziehen, aber nicht bloß zum Baden, zum Beischlaf, zu einer ärztlichen Untersuchung, sondern für eine Selbstmusterung, bei welcher man sich seiner Gebrechen bewußt wird. Da ist die Angst, nicht mehr schreiben zu können, nie wieder: Das Trauma aller Autoren. Und suchte man nach Gründen, wie es zum zeitweiligen Verlust der Fähigkeit gekommen sein mag, entdeckt man eine leibhaftige Einbuße in der Beziehung zur Umgebung – den Verlust einer besonderen Haltung, welche von Nicht-Autoren meist negativ bewertet wird: den von Distanz.

Beteiligtsein und Distanziertheit aber bilden unauflöslich die Voraussetzung für Kreativität. Bricht die Distanz zusammen, überrumpelt einen die äußere Wirklichkeit und installiert sich als innere, so wird sie unaussprechbar, weil die Nähe alle Kraft und Fertigkeiten aufzehrt, mit der man, um ihrer überhaupt gewahr zu werden, sich über sie erhob. Im Clinch mit ihr wie Jakob mit dem Engel, ringt man ums Überleben. Tränen stellen nichts dar und sind nicht die Quelle, aus welcher der Fluß der Wörter entspringt, in dem die Welt sich spiegelt. Der Schwund des Abstandes bedeutet auch den Schwund von Erkenntnismöglichkeiten: Es bleibt Gestammel, zu dem alle Welt und jedermann ausreichend Talent besitzt.

Der Kompromiß

Eines Tages bringt man ihn nicht mehr zustande. Jahrelang hat man ihn für die Basis allen Miteinanders gehalten und ihn eher als einen Ausgleich angesehen, manchmal als einen unangenehmen, für den man jedoch anderswo Äquivalente suchte und zu finden meinte: Für die Verweigerung öffentlicher Anerkennung wenigstens die Freiheit des Reisens. Für die Freiheit des Reisens kein entschiedener Dissens. Und was der Balanceakte mehr waren ...

Eines Tages aber verweigert das Bewußtsein seine Kompromißbereitschaft und stellt sich störrisch: Es ist nicht länger geneigt, eine Zensurmaßnahme hinzunehmen, etwa die Löschung einer Passage in einem Buch, eines Satzes oder auch nur eines einzigen Wortes, um dafür etwas einzutauschen, dessen Wert zweifelhaft ist: die Genehmigung zur Veröffentlichung. Es fragt sich nämlich nach dem Sinn aller vorhergehenden Kompromisse und erkennt, daß sie nichts anderes waren als Disziplinierung und Anpassung. Für die Reisemöglichkeiten hat es mit politischer Zurückhaltung gezahlt und merkt jetzt, wie schwer es ist, diese eingeübte Zurückhaltung aufzugeben. Die Kompromisse, mittels derer der Einzelne durchzukommen meint, sind gar keine, und während er noch glaubt, er habe nicht mehr als den kleinen Finger geopfert, sind bereits seine beiden Hände gefesselt, so daß er sie nie mehr wie vordem wird bewegen können.

Sprache

Die Unmöglichkeit, in einem klar abgegrenzten Gebiet der Sprachregelung leben zu können, ist für einen Schriftsteller eine grundsätzliche. Seine Sprache ist die abstrakte Ausprägung seiner Individualität, während die geregelte Sprache alles Individuelle ausgeschieden hat, ohne jedoch objektiv zu werden. Sie ist nur auf eine einzige Funktion herabgebracht oder vereinfältigt, die der

Funktion von Literatur diametral entgegengesetzt ist. Literatur will auf viele Weisen realitätsgerecht sein, geregelte Sprache Realität vortäuschen – aus diesem Konflikt gibt es für den Schriftsteller nur einen Weg, und der führt auf und davon.

Kleine Wahrheit

OFT, NAHEZU TÄGLICH, im steten Bewußtsein meiner Gefährdung, frage ich mich, warum ich auf dieser Erde nicht sein kann wie jedermann, zumindest weniger geängstigt, hoffnungsvoller, beruhigter über die eigene Künftigkeit. Wenn ich die Schicksale meiner Vorgänger überblicke, wird mir übel. Als stünde man durch die Zeiten Schlange, um nach endgültigem Eintritt in die Ruhmeshalle der Märtyrer, ins Wachsfigurenkabinett der Literatur, in den Selbstbedienungsladen für Unglück und Depression das Seine zu bekommen. »Jedem das Seine« stand gewöhnlich über deutschen Konzentrationslagern, aber dieses scheinbar objektiv wertend gemeinte »Seine« war und ist immer dasselbe.

Diesen bunten, lustigen, kleinen Schirm haben sie mir weggenommen oder ich habe ihn in einem Augenblick der Unaufmerksamkeit, aber schon auf dem dünnen Seil, plötzlich verloren. Das macht alles Balancieren aussichtslos. Hingelangen kann man so nirgendwo mehr. Und daß man sich nur noch an Worte halten kann, jedes kehrt sich leicht gegen einen, wird gegen einen gekehrt, verschlimmert den Zustand. Ich habe schon lange mein Einverständnis aufgekündigt.

Rasender Herzschlag und schlaflose Nächte; das ist

unsere Unterhaltung: realistische Halluzinationen, die einem vorführen, was einen erwartet, wenn man abrutscht. Das Dasein ist nicht sicher, das Hiersein bedroht vom Anderswosein; man wünscht sich eine Heimat und erhält prompt einen Fußtritt.

Obgleich solch Sein, sich bewußt, belauert zu werden, tödlich wie eines in den Schwefelminen, den Bleibergwerken ist, weiß es doch selber: Woran man stirbt, davon lebt man auch.

Metternich

ER HAT ALLES im Griff. Er liest alle Briefe. Er weiß, worüber alle anderen reden und auch, worüber sie schweigen. Die Anzahl seiner Ohren, seiner Augen ist unbekannt. Manchmal erscheint er in der Öffentlichkeit: lichtblauer Frack, weiße Steghose, das Haar gepudert nach alter Manier, ein Spitzentaschentuch im Ärmel, eine Geste und Gefängnisse füllen sich, ein halblautes Wort und die Zeit bleibt stehen, wie ihr befohlen wurde: Darum leben heute alle noch so, als ob er nie gestorben wär.

Bibelmuster

WIE OFT BIN ich schon der Häresie beschuldigt worden; zu oft, wie mir in Erinnerung scheint und grundlos dazu. Wirklich grundlos? Bei Lichte besehen gibt es schon Gründe, wenn sie auch nicht bei meiner Person zu suchen sind. Wahrer ist, daß die selbsternannten Verwalter unseres unwiederholbaren Lebens vom schlechten Gewissen geplagt sind, so daß sie ihre persönliche Verantwortlichkeit und Schuld sporadisch auf andere übertragen müssen und selbstverständlich auf ihre unmittelbaren Opfer selber. Das ist der biblische Mechanismus: Der Sündenbock – um die zoologische Vergleichbarkeit des Schriftstellers zu variieren – hat für Vergehen zu büßen, zu denen er in seiner Machtlosigkeit gar nicht fähig ist; nur für die Strafe ist er prädestiniert, und die wird prompt an ihm vollzogen, weil sonst seine Zuchtmeister an seine Stelle gerieten und das, nicht wahr, möchtet Ihr doch nicht, meine Herren?!

Aufklärung 1

DASS DIE AUFKLÄRUNG gescheitert sei, ist eine umsichgreifende Erkenntnis, bald vermutlich eine Binsenweisheit, ohne daß generell klar würde, worin denn dieses Scheitern bestünde. Die Frage danach erfordert keineswegs viele Antworten: Die erste, vielleicht paradox klingende, würde heißen: An ihrem Erfolg.

Sie ist eigentlich ihr eigenes Opfer. Nachdem sie mit Vehemenz Gott und die Götter von der Weltbühne vertrieben, den Glauben zersetzt, die »Infame« entmachtet und mittels ihrer Wissenschaftlichkeit alle Phämomene, die wir Selbst- und Ichsüchtigen immer auf uns bezogen, als Naturerscheinungen entlarvt hat, so daß am Ende die Spielfläche von Illusionen, Fantasmen, Aberglauben, Irrtümern und Unvernünften frei war, blieb nur noch die leere Kulisse. Die Aufklärung hatte verabsäumt, anstelle der von ihr ausgelöschten oder zerstörten Glaubensbilder, der ahnungsvollen Deutungen, der Visionen und Träume etwas anderes zu setzen und somit das metaphysische Bedürfnis, das den Schwund seiner Objekte immer überlebt, sich selbst überlassen: Ein dürstendes Geschöpf, dem die Quelle versiegt war.

Es scheint, daß dieses freischweifende, kein Ziel mehr findende ungestillte Verlangen nach Transzendenz jenes bekannte Unbehagen, jene innere Trostlosigkeit hervorruft, von der gegenwärtig viele befallen sind.

Aber die Aufklärung, stolz über ihr Vernichtungswerk, zeigt sich nicht nur außerstande, es als solches zu begreifen, sondern auch, das entstandene Vakuum wieder aufzufüllen. Dem irrationalen Verlangen des Menschen ist sie nicht gewachsen; sie, deren Grundlage die Naturwissenschaften in all ihren Formen war und ist, wäre daher, sogar bei Einsicht in ihr Versagen, nicht fähig, die abgeräumten Podeste mit »besseren« Göttern zu versehen: Das ist ihr sui generis nicht gegeben. So steht sie vor einem selbstverursachten Scherbenhaufen und kann nicht ersetzen, was sie abgeschafft hat und muß sich nun deswegen anklagen lassen. So berechtigt und wohl auch unvermeidlich ihre destruktive Arbeit gewesen ist, die Notwendigkeit, auf den freien Plätzen etwas Neues zu begründen, besteht weiter: Vermutlich wird aus den Krämpfen der Sinnlosigkeit und Langeweile etwas geboren werden, das eine ferne zweite Aufklärung, da die erste sich diskreditiert hat, kaum mehr beseitigen könnte. Das Sinken der Tötungshemmung, den Schwund der Gewissen allerorten muß sich die Aufklärung als ihren letzten Triumph zuschreiben lassen.

Apokryphe Notate zur historischen Aufklärung

1

Wir fuhren mit dem Wagen, schreibt Voltaire in einem Brief über seine »Jungfrau«, mitten durch sie hindurch und ließen uns von ihrem Kreischen, von den extremen Geräuschen verletzter Scham, nicht in unserem Gespräch über die Infamie der Kirche unterbrechen.

2

Immer habe ich Angst, notierte Monsieur Eiffel nach einem Besuch des Mont-Blanc-Tunnels, daß, wenn ich ihn betrete, im Dunkel etwas mit mir geschieht, was ich nicht vorahne. Sobald nach den ersten Schritten das Tageslicht nachläßt und die Finsternis zunimmt, wobei man von der Welt völlig abscheidet, von der nichts als unregelmäßiger Tropfenfall des Kondenswassers übrigbleibt, meine ich, meine Kontur zu verlieren, auch die meines Innern, meiner Persönlichkeit. Und wenn ich am anderen Ende wieder hervorgelange, durch die Helligkeit aufs neue zusammengefaßt, zusammengestaucht, komme ich mir als ein anderer vor und nicht mehr als derselbe von der Gegenseite des Berges.

3

Man kann, schreibt Stalin in einem Brief an Karl Marx, der von der britischen Postzensur im Kriege abgefangen und archiviert wird, nicht darauf vertrauen, daß die Menschen sich ihren Interessen gemäß verhalten. (Hier irren Sie, mein Freund!) Vielmehr müssen sie erst dazu gezwungen werden, und es kostet schon Ströme von Blut, sie überhaupt zu der Einsicht dieser ihrer Interessen zu bringen, geschweige denn, zum Danachhandeln – wer weiß, ob dafür noch genügend übrigbleiben. Aber diese sind dann wirklich die neuen Menschen, neugeboren, weil sie durch die Schmerzen der Geburt ihre Lebenslektion gelernt haben. Anders geht es nicht, heißt es auf der folgenden Seite, die grußlos mit der schwungvollen Unterschrift endet.

4

So erinnere ich mich, fuhr Graf Zeppelin fort, daß die Idee mir bereits als Knabe gekommen war, eines sommerlichen Sonntages am heimatlichen Weiher, wo wir Dorfbuben allerlei Schabernack trieben, indem wir Frösche aufbliesen (!), oder in kindlichem Wettbewerbseifer das klare Wasser unanständig verunreinigten: Dabei und als wir so in einer Reihe nebeneinanderstanden und jeder die größmögliche Entfernung zu erreichen suchte, merkte ich, wie mich die anderen bedauernd anstarren, und als ich ihren Blicken folge, den meinen abwärts gleiten lasse bis zu meiner Rechten, entschied es sich, und ich schwor mir: Das Allergrößte soll über eure dummen Schädel kommen, daß ihr staunend den Mund aufreißt, und gar noch meinen Namen an sich tragen.

Ein guter Ratschlag

ÜBERZEUGT, DER DURCH ein Verkehrsschild angezeigten Geschwindigkeit zu entsprechen, überhole ich einen gelben Pkw, in dem zwei Verkehrspolizisten an ihren weißen Tellermützen zu erkennen sind. Sofort steigern sie ihre Geschwindigkeit, drängen mich an den Straßenrand und zwingen mich zum Halten. Auf meine Erklärung hin, ich hätte gedacht, sie, die doch langsamer gefahren seien, überholen zu dürfen, denn schließlich hätte ich sie ja beide als Ordnungshüter erkannt und im Grunde närrisch sein müssen, vor ihren Augen die Tempolimitierung zu überschreiten, unterbrach mich, der ausgestiegen war, barsch: »Sie sollen aber nicht denken!«

Der Ratschlag, scheint mir, ist gut. Nur seine Verwirklichung wird mir, wie dieser Text zeigt, nicht gelingen.

Unbesonnte Vergangenheit

Von Anfang an war alles klar: Bereits im Autobus, mit dem wir herangeschafft wurden, seltsame Fracht, lauter angehende Genies, erwiesen sich unsere Instinkte als das, was sie auch in Zukunft blieben: untäuschbare, keinmal zu kupierende Organe, durch die uns so vieles genauer vermittelt wurde als durch unseren Verstand. Am späten Nachmittag langten wir an: Eine Herde junger Dichter, manche davon steinalt, nämlich über fünfzig, in einem Heim, das dem Kulturministerium gehörte, und wo man uns als Autoren zu approbieren gedachte. Das Unternehmen nannte sich »Erster Schriftstellerlehrgang des deutschen Schriftstellerverbandes«, und aus dem Sammelsurium unterschiedlichster Typen und Gestalten, teils überredet, teils freiwillig anwesend, bildeten sich sogleich die Gruppen Gleichgesinnter, oder eher: die gewohnten Polarisierungen. Auf der einen Seite zeigte sich die tatsächlich so genannte »Thüringer Maffia«, bestehend aus Harry Thürk, Walter Stranka und Armin Müller, ein Kleeblatt, das wohl bereits als solches angereist war, und auf der anderen, weitaus lockerer und keinerlei konspirativen Zielen zur Förderung der eigenen Karriere verbunden: Horst Bienek, Erich Loest, Heiner Müller und der dies hier resümierende Chronist.

Uns vier einten weder gleichgeartete literarische Intentionen noch ein maßstabgerechtes politisches Bewußtsein: Darüber keine Rede. Ein Gleichgestimmtsein hielt uns zusammen, Heiterkeit, Witz, Ironie, Hohn und Sympathie bildeten die Grundlage unserer Beziehungen. Etwas Unbändiges, Ungebändigtes wehrte sich in uns vieren gegen den trüben Betrieb, gegen die gigantische Wichtigtuerei von Leuten, die hier das Wunder erwarteten, welches ihre schlechten Texte, bebend oder markig verlesen, in Kunstwerke verwandeln sollte. Freilich trat es nie ein, und man hinkte an Krücken aller bekannten Sprachklischees weiter durch die Tage.

Mit Erich Loest marschierte ich oft durch die dunklen windigen Abende und über eine autolose Landstraße zu einer Dorfkneipe, wo wir bei Wodka und Bier ungestört »die Lage« erörtern konnten, bis wir, alkoholisch euphorisiert und zu dadaistischen Einfällen aufgelegt, zurückliefen, nachts im Hause herumrumorten, in fremden Zimmern spukten, Schabernack trieben und uns wie enthemmte Kinder benahmen. Loest und ich hausten zusammen in einem Zimmer und waren Störenfriede allerersten Ranges. Heiner Müller hingegen hatte außer einer diskreten Beziehung zu einer rothaarigen Hausangestellten ein Zimmer ganz für sich allein, ein unverdienter Vorzug, und als wir, Loest, Bienek, Martin Pohl und ich, einmal um Mitternacht bei ihm eindrangen, um ihn zu erschrecken oder auch nur, um ihm ein Glas anzubieten, fanden wir ihn wie aufgebahrt: Das Licht brannte, er lag auf dem Rücken, die Hände auf der Brust gefaltet, ähnlich einem steinernen Ritter auf seinem Sarkophag, so unverschämt skulpturenhaft, daß wir an der Tür stehenblieben. Er öffnete die Augen, als habe er nicht geschlafen und uns sowieso erwartet, völlig munter und sofort wach im Gespräch.

Horst Bienek hingegen, allgemein und meist mit Zuneigung »Horstchen« gerufen, flatterte stets unruhig umher, eine sanft exotische Figur inmitten der biederen Gesellschaft von längst vergessenen, kulturpolitischen Fehlinvestitionen. Horstchen war entweder emphatisch oder deprimiert, entsetzt oder erschüttert, jedenfalls ständig stark emotionalisiert und ließ uns das auch wissen. Er wirkte wie ein sportiver und immer säuberlich gekämmter Cherub aus der Mark, Redakteur der »Märkischen Volksstimme« in Potsdam, die ihn, wie es hieß, zu diesem Lehrgang delegiert hatte. In seiner Stimme klang immer ein Ton von Verwunderung mit, der ihm bis heute geblieben ist: ein Jemand, der, ohne es auszudrücken, immer zu fragen scheint, und dem gegenüber man sich daher auf unerklärliche Weise zu Erklärungen, Erläuterungen, Antworten verpflichtet fühlt.

Morgens nach dem Frühstück saßen wir, die mißtrauisch beäugten, die unsoliden Gesellen mit allen anderen zusammen vor einem Stehpult, von dem herab wir diesmal Interessanteres als gestern zu vernehmen erhofften, aber unsere Erwartung wurde immer aufs neue enttäuscht. Meist überschwemmte uns ein Sermon des Inhaltes, was Literatur zu sein habe, sein solle, sein müsse und sein werde; oft konnte ich mich, des Frühaufstehens ungewohnt, vor Müdigkeit nicht halten und versank in eine Hasenhaltung, indem ich mit offenen Augen schlief. Die

Stimme des Vortragenden rückte in eine zunehmende Ferne, bis mich einer anstieß, Horstchen oder Erich Loest, was meine Rückkehr in diese seltsame und ziemlich gemischte Gemeinschaft einleitete. Ich weiß nicht, was man uns damals noch alles erzählt hat. Beeindruckend muß es nicht gewesen sein. Nur einige der Gäste, die zu Gesprächen das Heim besuchten, haben sich deutlicher eingezeichnet: So der alte und schwerkranke Victor Klemperer, klein und in sich zusammengesunken auf einem Sofa, mit irgendwem in einen Dialog verwickelt, aus dem er einen Moment lang aufsah, blicklos und gequält. Er war wohl eher einem massiven Drängen hierher gefolgt als dem eigenen Wunsch. Auch Johannes R. Becher erschien einmal, der, zum Mißmut der »Thüringer Maffia« auf den anwesenden Kunert als ein »hoffnungsvolles Talent« hinwies, was letzterem auch entgolten wurde.

Aber vordem gingen wir mit Horstchen spazieren, promenierten am Seeufer entlang und warfen vom Angelsteg abgeplattete Steine aufs Wasser, so daß sie in flacher und kürzer werdenden Bogen fortsprangen, und ignorierten das trübe Wetter. Der politische Skandal ereignete sich schon bald. Zur Auflockerung des Lehrganges und einer unausrottbaren Gewohnheit folgend, sollte ein »bunter Abend« veranstaltet werden und möglichst jeder etwas beisteuern. Was an diesem Abend an »Buntem« vollstreckt wurde, ist versunken, bis auf den Stein des Anstoßes: einen Sketch, bei dem Erich Loest und Horstchen zusammen auf einer improvisierten Bühne in der Ecke des Eß-Saales auftraten. Der Titel der kurzen Szene, mit welcher die pastorale Gestik und das ungewollt komische Argumentieren Walter Strankas parodiert wurde, war selber von einem zu der Zeit populär genannten Buch abgeleitet: »Reportage unter dem Stranka«. Das Original hieß »Reportage unter dem Strang« und stammte von Julius Fucik, einem tschechoslowakischen Widerstandskämpfer. Der Aufruhr wurde von der »Thüringer Maffia« inszeniert und zwar mit der Behauptung, hinter der Travestie verberge sich ein antikommunistischer Akt, was der Titelmißbrauch eindeutig beweise. Horst Bienek war angehalten, Selbstkritik »zu üben« – als wenn es da noch etwas zu üben gegeben hätte! Er versuchte, die Absichtslosigkeit des spontanen Titeleinfalles einfach damit zu erklären, daß man sich nichts Schlimmes dabei gedacht habe. Der selbsternannten Inquisition war wohl nicht beizubringen, daß eine Titelvariante noch keine Denkmalsschändung darstellt. Denn obwohl wir der nahezu gleichen Generationsebene entstammten, trennten uns Universen: Unsere Ankläger erwiesen sich als die alten eifrigen Untertanen, aggressionsfreudig und verleumderisch, und daß sie alle in diesen grotesken Pantoffeln aus Kamelhaarimitat mit Filzsohlen umherschlichen, kam uns wie ihr »besonderes Kennzeichen« vor.

Wie Horstchen den ganzen »Lehrgang« durchgestanden hat, habe ich ihn nie gefragt; ich jedenfalls beendete ihn nicht, sondern reiste abrupt ab, nachdem einer der Thüringer mir an der Abendtafel verkündet hatte, daß solche Leute wie ich eigentlich in ein Lager gehörten. Meine weltfremde Empörung verkürzte solchermaßen für mich den Ablauf einer ergebnislosen Betriebsamkeit, von der keinerlei wesentliche Ergebnisse zu erwarten waren – falls man nicht die erwähnten Erfahrungen darunter verstehen will.

Freilich, an mir hat der konjunktive Richtspruch eines ärmlichen Geistes aus der tiefsten Provinz sich nicht realisiert, ausgerechnet aber an Horst Bienek, dem wehrlosesten und defensivsten unter uns, dem die Wirklichkeit kurz darauf bereiten sollte, was mir da nur beiläufig angedroht worden war. Daß es ihn traf und nicht mich, ein bloßer Zufall, doch kein Zufall sicherlich, daß diese Konstellation aus dem Jahre 1950 zwischen Personen fortbesteht, von denen die einen der Wahrheit zu folgen suchen und die anderen der selbstgewählten Aufgabe ihrer Verschleierung: Es handelt sich, wie es mir heute vorkommt, um eine klassische Konstellation, von der wir einst annahmen, sie gehöre einer abgeschlossenen Literaturgeschichte an. Für diesen Irrtum haben wir alle zahlen müssen: Horst Bienek, neben Erich Loest, sogar einen sinnlosen Höchstpreis.

Was sind wir, wer sind wir?

WENN ES EINE deutsche Mentalität gibt, gibt es eine DDR-Mentalität? Da wir nicht Weltbürger sein dürfen und können, was sind wir dann?

Die Schwierigkeiten der Selbstfindung liegen, wie von Urzeiten an, wo der Name magische Bedeutung hatte, auch bei uns im Mangel eines Namens, dem man in einem Austauschverhältnis verbunden wäre – er paßt sich einem an, während man sich ihm anpaßt – und folgerichtig damit auch im Fehlen eines Adjektivs, mittels dessen man bezeichnen könnte, was man tut und treibt, schafft und zerstört. Das Kürzel aus drei Buchstaben, noch dazu Konsonanten, die keinen Klang ergeben, schlechte Angewohnheit aus der Industrie- und Werbewelt, erweckt nicht beim Hören, was beispielsweise das Wort »Deutschland« in uns wachruft – ob Widerwille, Zuneigung, Stolz oder Sehnsucht sei dahingestellt. Drei Buchstaben jedoch und jedenfalls sind eo ipso ahistorisch. Sie bezeichnen etwas, das erst vom Moment der Bezeichnung an existiert, an diese drei Buchstaben gebunden bleibt und, falls sie jemals gestrichen werden sollten, die Geschichte der Menschheit ist ja überraschend kurvenreich, nicht mehr da wäre. »Ewiges Deutschland« – das ist ein Ideologem, aber »ewige drei Buchstaben« bloß ein Witz. Und wenn wir uns schon nicht Dreibuchstabler nennen können, ohne Gelächter oder Mitleid hervorzurufen, so müssen wir eben bei der alten, vorstellungsträchtigen Bezeichnung »Deutsche« ausharren. Denn wir sind Deutsche und zwar gänzlich ohne Anführungszeichen. Und gerade in dieser Fehlgeburt von drei Buchstaben, in dieser unbedachten Konstruktion am Grünen Tisch steckt unübersehbar Deutschtum: Unkenntnis der Sprache und ihrer Möglichkeit, sich sogleich rächen zu können; Blindheit gegenüber der eingangs erwähnten irrationalen Macht der Namensgebung; sowie Mangel an Vorausschau, daß drei Buchstaben jeden, der unter sie gezählt würde, zur Identitätslosigkeit verdammten. Denn wo auch immer in der Welt man gefragt wird, wessen Landes und Zunge man sei, stehen mehrere alternative Antworten zur Wahl. Entweder man nennt seine drei Buchstaben und erkennt, daß damit nichts Konkretes verbunden wird, oder man verkleinert seine geographische Ausgangsposition auf die Stadt aus der man kommt, was, falls diese eine Metropole und durch Kultur oder Zerstörung oder sonstige Schrecknisse namhaft ist, eine gewisse Hilfe darstellt. Oder aber man deklariert sich als das, was man trotz aller Abkürzung geblieben ist: als Deutscher. Damit wäre man sogleich eingeordnet, und aufzuklären bliebe dann nur noch, zu welchen man sich zähle oder zu welchen man gezählt werden wolle.

Befürchtung

Eine Geschichte, wie ich sie immer befürchte (und erwarte), könnte sich folgendermaßen abspielen: Eine Studentin aus Heidelberg, seit Wochen für den heutigen Tag vorangemeldet, um, da ihr Examensthema die deutsche Kurzprosa ist, auch mich über die Gattung zu befragen, erscheint rund eine Stunde vor der verabredeten Zeit, ihr Flugzeug hat sich verfrüht oder es gelang ihr, entgegen allen Erwartungen eine freie Taxe zu finden. Nun ist sie da, auf ihren Knien den Block mit Fragen, ich antworte, sie notiert: Welche Intentionen kleine Formen hervorbrächten, was einen eigentlich zum Schreiben veranlasse, wie man unter den drückenden, um nicht zu sagen: unterdrückenden Verhältnissen überhaupt zur Kreativität imstande wäre und ob vielleicht gerade der Widerstand Anregung biete? Jede Erkundigung erweist sich als Gretchenfrage: Wie man es mit der Politik halte, über die administrative Kulturbehinderung denke, über das System und seine theoretischen Voraussetzungen, und bitte detailliert, präzise, genau. Man weiß ja, Soziologie bestimmt in gewissen Fachbereichen, nicht zuletzt in der Germanistik, in einem wachsenden Maße die Interpretation der Werke. Und so redet man vom Hundertsten ins Tausendste hinein, bis sie gehen muß, Heidelberg wartet, freundlicher Abschied, Winken unter der Tür, doch kaum hat man sich, alleingelassen, an seinen Tisch gesetzt, klingelt es erneut: Draußen steht die seit Wochen avisierte Studentin, atemlos sich entschuldigend, der Zug hatte Verspätung oder sie ist auf irgendeine Weise in der Paßkontrolle aufgehalten worden, schwenkt ihre unfertige Arbeit, für die sie entscheidende Hinweise erhofft. Eine erfundene Geschichte, ganz sicher, wie sie einem eben dauernd einfällt.

Über Grenzen hinaus

Ein anspruchsvoller, aber bedeutungsloser Satz, denn er postuliert oder fordert, was in jeder Hinsicht unmöglich geworden ist. Nicht nur, weil das Bewußtsein von Grenzen aller Art gewachsen ist, sondern vor allem weil sich die Chancen ihrer Überwindung deutlich verringert haben. Selbst die faktisch schwer überschreitbaren Landesgrenzen, für die nur Lebensalter, Privileg oder Gefängnis- gar Todesbereitschaft den Paß abgeben, rechne man unter die am leichtesten zu überspringenden. Vor anderen, an die wir gelangt sind, nützt uns weder Tollkühnheit noch Leidensbereitschaft, weder ein Rechtsanspruch noch politische Solidarität – wir werden kapitulieren müssen. Es handelt sich da um die Grenzen in uns selber und um die, welche zwischen uns und unseresgleichen gezogen sind, ohne daß wir daran beteiligt waren. Während bei letzteren noch ein Durchbrechen, insbesondere in Ausnahmesituationen, möglich scheint, wir uns unerwartet mit andern eins und einig fühlen, betroffen wie wir selber vom gleichen Druck, hält doch diese Grenzenlosigkeit kaum über das auslösende Moment hinaus vor. Ähnlich der Veränderung von Metallen unter hohen physikalischen Beanspruchungen ereignet sich auch mit uns ein Nachgeben, ein Nachgiebigwerden, eine Enthärtung unseres Selbst, die uns für nebenmenschliches Sein empfänglich macht. Wir meinen, wir sitzen im gleichen Boot, was zwar stimmt, doch der eine im Zwischendeck und der andere Erster Klasse.

Weitaus massiver noch sind jene Grenzen, deren Ort unsere innere Landschaft ist. Kein Hinweg über die eigenen Vorstellungen von Mensch und Welt: wahrscheinlich sehen beide hinter der Barriere vorurteilsbefangener Anschauungen ganz anders aus, aber wie in Wirklichkeit, das läßt sich, da noch die aufgeklärteste Sicht Blindheit genug enthält, wohl niemals erkennen. Trotz verzweifelter Mühen stoßen wir immer wieder auf die Mauern unseres Mitfühlens, unserer Aufgeschlossenheit, und bleiben der Enge kleinlicher Empfindungen verhaftet, als wären wir darin wahrhaft eingesperrt. Was wir sogar tatsächlich sind.

Nicht einmal unser Verlangen, so ernsthaft es sein mag, führt das eingeschränkte Ich – und nur solche gibt es – über sich selbst hinaus. Und noch der Klage, Begleitmelodie trister Selbsterkenntnis, fehlt die Kraft, weiterzugehen als bis an die Schwelle der Lippen.

Fehlentwicklung

Amphibien: das hätten wir bleiben sollen. Viel zu viel Schwierigkeiten mit dem aufrechten Gang und aus ihm die falschen Schlüsse als Folgen der vertikalen, also hierarchischen Gliederung. Höchstes: das Haupt. Überhaupt kulminiert darin alles. Unter ihm, aber noch bestens bewertet, obwohl manchmal der Räson bedürftig, historisch im Ansehen gesunken: das Herz. Natürlich Arme und Hände, die fleißigen Untergebenen, immer im Dienst, angeblich Verwandlungskünstler, die aus einfachen Affen einen Homo sapiens herausgebildet hätten. Jedoch die tieferen Regionen haben bereits einen schlechten Ruf. Den Bauch heißt man ungeprüft: faul. Das Gesäß, immerhin gewisser verschwiegener Genüsse fähig, genießt auch darum bloß Verachtung. Und selbst die intensivste Benutzung der Genitalien befreit sie nicht vom Verdammungsurteil, nahezu an allen mißlichen Situationen, in welche das Totum gerät, schuld zu sein. Ihnen wird stets Subversivität unterstellt: wie glatt und reibungslos verliefe das Leben, ohne Bedürfnisse nach Reibung, kämen sie nicht ständig mit Erektionen und Ergüssen, Sekretabsonderungen und Orgasmussüchten dazwischen.

Von den unteren Extremitäten ganz zu schweigen. Wer den Füßen, der architektonischen Wölbung des Spanns, dem Aufbau der denaturierten Greifklaue mehr als medizinische oder ökonomische Aufmerksamkeit widmen wollte, fiele leicht unter das Verdikt »Fetischist«.

Wären wir doch nur im warmen Schlamm geblieben, im gemütlichen Morast, im schützenden Sumpf oder in sacht dahinziehenden Gewässern, in einer menschlicheren, nämlich horizontalen Lage, wir hätten uns als Ensemble gleichberechtigter und gleich achtenswerter Teile erhalten und durch diesen Umstand unveränderlich demokratisch gesonnen, wie wir es, wenn wir aufrichtig sind und weil wir aufgerichtet sind, so senkrecht nie sein können.

Verzweiflung

Reine Verzweiflung ist wie ein vollkommener Kreis – wenn das Adjektiv bedeutet, diese Art Verzweiflung bestehe ohne akuten äußeren Anlaß, sei daher frei von erkennbaren Gründen. Ihr eignet etwas Leichtes und Endgültiges, eben weil jedes Motiv zu fehlen scheint, auf das Einfluß zu nehmen der Verzweifelte zumindest versuchen könnte; keine Aussicht und Hoffnung auf ein Vorübergehen somit. Denn dieser Kreis, wahrscheinlich seiner Immaterialität wegen, erweist sich als undurchbrechbarer als ein gemauerter. Selbst den Blick, den er noch nach draußen zuläßt, trübt er ein, so daß es außerhalb nicht anders aussieht wie innerhalb, also trostlos. Wird es dabei bleiben? fragt sich der Verzweifelte. Gewinnt der Moment Dauer, die Dauer Ewigkeit, wird mir chronisch, was früher selten und rasch verflogen war, trotz begründeter Ursachen, die jetzt völlig fehlen?

Leicht und endgültig, da man sich leicht und für immer aufzugeben wünscht: wie einen Brief, aber ohne Adressaten und ohne Absender, so daß er nicht zu bestellen und nicht zu retournieren ist. Sich in den gelben Kasten fallen lassen, frei von jeder Verantwortung für das eigene Selbst. Das ist die Konsequenz der reinen Verzweiflung, daß ihrer nur ledig wird, wer sich zu verlieren wagt.

Selbstquälerisch

Meine Verzweiflung, um hervorzutreten, bedarf der Verwandlung: sie wird zu einem Bild von etwas anderem, aber das ist kein Bild mehr von mir. Niedergeschlagenheit und Depression werden ausklagbar als Lamento über den blinden und panischen Koller, den ein Sperling auf dem Dachboden erleidet, wohin er sich verflog, und den die Angst immer aufs neue gegen die Scheiben prallen läßt, bis es mir endlich gelingt, im rechten Moment das Fenster zu öffnen, gerade als der unfreiwillig Gefangene von einer wilden Runde zwischen den Dachbalken zurückkehrt und jetzt – statt erneut gegen das Glas zu schlagen – ins Freie schießt. Ein Augenblick des Trostes, ein Anblick, der zum trivialen Gleichnis erstarrt, wertlos für einen, dem die Flügel merklich fehlen. Einzig in der Wiedergabe solchen Erinnerns an den Rückgewinn urtümlicher Freiheit findet die eigene Unfreiheit, der Grund fortwährender Zermürbung, ihre mühsame Entsprechung.

Eine Figur, die schweigt

Wo sie einfügen, für welche Geschichte, für welchen Effekt aufsparen? Ihr Gesicht, ihr Habitus will nicht Bild werden, nichts von sozialer Stellung, von Schicksal und Konflikt, nur ein Grundzug ihres Wesens erscheint, der sie mir nahebringt und der sie charakterisiert: sie leidet unter halluzinierten Alternativen.

Sie bedarf keiner außerordentlichen oder dramatischen Ereignisse, um sich vor Entscheidungen zu sehen, die in der Realität überhaupt keine Bedeutung erlangen. Doch unvermutet fragt sich diese Figur, irgendwo unterwegs und daher vielleicht aus Langeweile, ob ihr eine augenblicks zu erwartende, schwer behebbare Panne am Auto bedrohlicher erschiene als eine vorübergehende Krankheit des Ehepartners, und wofür von den beiden Möglichkeiten, hätte sie es in der Hand, das Votum wohl fiele. Und mehr solcher fatalen Fragen, die man sich lieber nicht stellen sollte, besser verdrängte, mit Achselzucken abwiese, obschon sie sich von dieser Figur nicht abweisen lassen: Was beispielsweise vorzuziehen wäre: Ruhm nebst gesellschaftlicher Ächtung oder Wohlleben und Durchschnittlichkeit? Oder bei der Beschaffung von Streufutter für die im Winter hungernden Grünlinge, Meisen und Stare, die erbarmungswürdig vor dem Fenster flattern: Falls man die Wahl hätte, würde man sich zwischen dem Hungertod der Vogelwelt oder der Wurzelresektion eines Backenzahns ohne Betäubung fürs erste oder letzte entscheiden? Würde man auf den größeren Teil seines Einkommens verzichten, wenn man damit seine Mutter länger am Leben erhielte? Würde man eine Gefahr auf sich nehmen, um seinem besten Freund zu helfen? Ihn etwa verstecken, weil er, wogegen kein Kraut gewachsen scheint, schuldlos oder gar versehentlich in die Verfolgungsmaschinerie geraten ist? Auf eine Reise nach Frankreich verzichten, wenn man damit erreichte, daß der Alltag für die Nachbarn erträglicher würde?

Könntest du, so befragt die Figur sich selber, künftig zu Fuß gehen, wenn dadurch deine Bekannten alle ein Jahr länger lebten?

Und weil sie aufgrund ihres Zauderns und ihrer Antworten, sobald ehrlich, egoistisch trostlos, immer mehr Wissen über sich selbst gewinnt, schweigt sie, jedenfalls der Umwelt gegenüber, aus Scham, wie ich glaube, das verächtlichste aller Menschenwesen zu sein.

Scham

Man schämt sich, weil einem die Zunge herausgeschnitten worden ist. Auch daß man statt auf Beinen auf bloßen Stümpfen humpelt, kurze Wege, kreisförmig zumeist, keinen jedenfalls einschlägt, der ins Freie führt. Niemals hätte ich vermutet, man schäme sich der einem selber zugefügten Erniedrigungen, sondern gedacht: Jene, die Verursacher, müßten eigentlich deswegen im Boden versinken. Aber dann gäbe es keine Regierungen mehr, keine Verwaltungsbeamten, keine Funktionäre, keine geheime Überwachung unseres Schlafes, unserer Lektüre, unserer Telefonate über Bäume.

Es handelt sich jedoch um eine ganz andere Scham als jene, die empfunden wird, tut man jemandem Unrecht. Die ich meine, stammt von der Hilflosigkeit, in die man sich eingesponnen weiß, kaum bewegungsfähig, obgleich man diese Hilflosigkeit gar nicht selber verschuldet hat. Sie zeigt uns aber unsere Schwäche, Fehlen von Widerstand, letztlich Feigheit, da wir die Erniedrigung, indem wir sie erdulden statt gegen sie zu revoltieren, selbst um den Preis unseres Unterganges, mittelbar akzeptieren. Zwar ist uns die Zunge herausgeschnitten worden, aber wir haben sie zu diesem Behufe unter ein Instrument geschoben, von dem jeder (und die ganze Welt dazu) wußte, daß es ein Messer war.

Beobachtetwerden

In der gleichen Sekunde, da man es wahrnimmt, verändert sich die gesamte Körperhaltung. Ihre unkontrollierte Natürlichkeit geht verloren. Man wird sich seiner ungelenken Schritte bewußt und weiß nicht, ob sie auch vordem so waren oder es nur unter den forschenden Augen gewisser Beobachter wurden, die nahebei Posto gefaßt haben und, falls befragt, es auch nicht beantworten könnten. Es interessiert sie sichtlich nicht; ihre psychologischen Kenntnisse sind gering, für polizeilichen Gebrauch zurechtgestutzt, und bestehen aus einigen gröberen Richtwerten.

Aber man selber staunt darüber, wie schwierig es plötzlich ist, die eigenen Glieder in normalem Gang zu halten, sobald man jede Bewegung überwacht weiß, Handgriffe werden fahrig oder heftig. Drehungen des Nackens, Kopfheben, Knie beugen und strecken, um einige Meter zu überwinden, geschieht, als steuere man ein funktionsbehindertes Gerät, dessen minimalste Veränderungen angeordnet und anschließend von anderen Zentren durchgeführt werden müssen.

Beobachtetwerden heißt auch: Sich verstellen, unwillkürlich schauspielern, so tun, als ahne man es nicht einmal, aber beim Sotunalsob wirkt jedes Benehmen übertrieben und theatralisch und unglaubwürdig, und das wahrscheinlich nicht nur für einen selber, sondern ebenfalls für die Beobachter, Observanten, denen das amtliche Beobachten offenkundig zur zweiten Natur geworden ist, da ihr Verhalten, außer dem Observieren selber, nichts besonders Augenfälliges erkennen läßt.

Die amtliche Art der Beobachtung degradiert den Beobachteten zum Objekt: Er ist nichts als Gegenstand einer Aufmerksamkeit, für welche das Totum seiner Persönlichkeit völlig nebensächlich, ja, sogar inexistent zu sein hat. Wie für den Arzt der Patient zur Bronchitis zusammenschrumpft oder zum Grauen Star, alles übrige nur Folie für Krankheit und Therapie, so muß auch der behördlich Überwachte zum Schatten verblassen, während irgendeine seiner Eigenschaften, irgendeine äußerliche Nebensache an seine Stelle tritt und über ihn triumphiert. Darum erscheinen derartige Vorgänge den passiv daran Beteiligten in den entsprechenden Systemen häufig bösen, aber wahrgewordenen Märchen erschreckend ähnlich. Den Substanzverlust spürt der Beobachtete nur allzugenau und peinigend. Und findet, falls er aus den Augenwinkeln seine Beobachter mustert, durch deren abschätzende, abschätzige Blicke sein Gefühl, das keine Gegenbehauptung widerlegt, nur zu sehr bestätigt. Sich mit den Augen anderer sehen zu können, verursacht die Beschädigung des bisherigen Selbstbildes, das hinterher restauriert werden muß, ohne je wieder ganz den vorherigen, originalen Zustand herstellen zu können.

Aufpassen

Der Gefahren sich bewußt werden, wenn schon nicht jeder erdenklichen, so doch naheliegender. Bevor man aus der Tür tritt: Ausschau halten. Wo immer wieder staatserhaltende Verbrechen stattfinden und Ordnungskräfte die Vergangenheit proben, ist Vorsorge oberstes Gebot. In der Wildbahn von Versammlungssälen, Kaufhallen, Foyers fällt schnell ein vernichtendes Wort, von dem man sich nie wieder erholt. Einmal kam ich mit einem Widerhaken im Fleisch nach Hause, der nicht zu entfernen war. Dauernd stoßen mir benennbare Unbekannte Messer in den Rücken; ich merke es und kann es nicht beweisen, weil sie ihre Fingerabdrücke zu tilgen verstehen. Trotzdem ist die Zukunft von Gestern anders als Gestern selber. Wie anders? Die Mittel sind subtiler, die Morde unauffälliger geworden. Nun gut, das ist eben der Fortschritt, zu dem sich unsere Epoche und ihre Schöpfer bequemt haben, weil sie schließlich namens des Fortschrittes angetreten sind. Die Verwirklichungsweise jedoch ist *ihnen* anheimgegeben, auch wenn man nicht ahnt, von wem. Eventuell von uns. Und wenn man ein bißchen gut aufpaßt, kommt man vielleicht nur geschoren davon. Aber: Davon wohin?

Eine Figur, an Schwermut erkrankt

Die Schwermütigkeit dieser Figur durchtränkt sie ganz. So kann sie niemals zu einer Hauptfigur werden, weil sie alle dialektische Daseinsweise verlor, unwiederbringlich, und zum Schatten geworden ist. Obwohl man es nicht bemerkt, sind ihre Mundwinkel tragisch abwärtsgekrümmt, ohne daß die Haut davon auffällig berührt wird. Die Figur kann die Bühne ihrer ständigen Anwesenheit nicht ertragen und bewegt sich daher dauernd in dem Wollen, endlich ihren Part hinzuwerfen und einfach hinauszugehen, ans Tageslicht, in eine andere Existenz, von der sie Heilung ihres Leidens erhofft. Es ist der unsterbliche Gedanke, durch Ortswechsel zu gesunden.

Davor aber hat ein Dämon oder ein sonstiger Inszenator die Überlegung gesetzt: Darf man sein Publikum sich selbst überlassen? Würden die Freunde nicht noch mehr vereinsamen? Die Katze auf der Ofenbank, allein und hilflos, vermutlich gleichgültiger Tötung überantwortet. Wie transportiere ich meinen großen Kleiderschrank, meine vielfältige Garderobe, die Kostüme, insbesondere das prunkvolle Wams meiner Hamletrolle, die mir auf den ängstlichen Leib geschrieben ist, da Zaudern mein vorherrschender Charakterzug zu sein scheint. Außerdem will ich mein fünfzigjähriges Bühnenjubiläum abwarten. Und noch die Premiere des neuen Stückes. Und das Frühjahr, denn wer wechselt schon im Winter Land und Leute?

Am Ende wankt die Figur als erbärmlicher Greis in einer Statistenrolle zwischen den Kulissen umher, möglicherweise betrunken, sich die Frage stellend, ob sie jetzt nicht bereits zu alt für einen neuen Anfang wäre: ein lächerlicher Anblick, mag sein, doch solcher, bei dem einem das Lachen im Halse steckenbleibt, weil er die Authentizität einer ins Innerste gelangten Zerstörung belegt. Das unaufhörliche Bewußtsein des Wegwollens und Nichtbleibenkönnens, das jeder Willkür Ausgeliefertseins, des an den falschen, kränkenden, krankmachenden Platz Gebundenen erzeugt als, wenn auch schwaches, Gegenmittel nebensächliche und zugleich überlebensnotwendige Bindungen an Zuschauer, Bekannte und Katzen, um den wahren Grund des Verharrens und damit Verzweifelns, das auch eines an sich selber ist, mit banalen Argumenten notdürftig zu verschleiern.

Zersägte Jungfrau

WIE SIE DAS machen, habe ich als Kind nie verstanden. Denn scheinbar ging die Säge wirklich durch Kiste und Mädchen, das keine Miene verzog, wenn bereits Unbehagen dem Zuschauer eine entsprechende Mimik abzwang: so als spüre er selber die blanken Zinken sich seinem Bauche nähern. Der längliche Kasten, immer an einen Sarg gemahnend, wurde auseinandergeschoben, nach links die Beine, die zum Zeichen ihrer Lebendigkeit zappelten, und nach rechts der Kopf, mit freundlichem Lächeln den Beifallklatschenden zugewendet. Heute begreife ich den Trick. Von Anfang an handelt es sich um eine geteilte Person, ich könnte mich selber zur Verfügung stellen, denn meine Beine sind woanders als mein Kopf und er und sie streben ständig weiter auseinander. Der Schnitt ist blutlos, aber schmerzhaft, vielleicht tödlich. Ich wollte, ich könnte mich an einem neutralen Ort wieder zusammenfügen, aber der Zauberkünstler, ein hoher Beamter vermutlich, läßt mich nicht frei, meine Lage ist hoffnungslos, und das verursacht wohl, daß ich jenes erforderte Lächeln für das Publikum partout nicht zustande bringe.

Vertrauensverlust

SO HEISSE DAS Kennzeichen unserer Situation. Was nicht bedeutet, wir wären von jeher besonders vertrauensvoll gewesen; eher seit langem vorsichtig zurückhaltend und zunehmend skeptisch, aber jetzt, wo Institutionen letzte moralische Grundsätze relativieren oder auf vorweggenommene Orwellsche Art ins direkte Gegenteil verkehren, sind wir soweit gekommen, ihnen alles, nämlich alles Schlimme zuzutrauen. Das ist als einziges vom ehemaligen Vertrauen übriggeblieben. Die wesentlichsten Erfahrungen unseres Lebens sind solcherart, daß wir in jedem Baum des Waldes ein Abhörgerät vermuten, in einer zufälligen Autokarambolage ein Attentat, in einem Freund einen verborgenen Polizisten. Es vergeht kein Jahr und viele liegen bereits hinter uns, ohne daß man wieder und wieder mit Verwunderung feststellt, wie immer noch, in einem endlosen und schmerzlichen Prozeß, die Überbleibsel menschlicher Anständigkeit und die sie einst begründenden Ideale abgestoßen werden: Fremdkörper in einem Organismus, dessen Vorhandensein nur gesichert ist, wenn er sich alles dessen entledigt, was die zivilisierten Nationen unter großen Mühen und Kämpfen an Einsicht, Differenzierung, Selbstreflexion und Toleranz historisch massiver Dumpfheit und Gleichgültigkeit entrissen haben. So geht etwas verloren, ein kultivierendes, humanisierendes Element, und löst sich auf in die Wäßrigkeit weinerlicher Klagen, falls eine ertaubte Umgebung deren Folgenlosigkeit garantiert.

Aus dem politischen Carbon

Alle Dinge und Begebenheiten, über die wir nicht reden dürfen, verwandeln sich in Schlacke, in Ablagerungen, die, sobald sie die Psyche ganz ausfüllen, den restlichen Menschen zu einer Hülle machen, womit jede freie Bewegung endet. Das ist keine Frage von Schuld und Sühne. Schon die unbeteiligte Generation trägt die Last der verschwiegenen Verbrechen in sich, wie der dumme Wolf die Wackersteine, die ihn bei nächster Gelegenheit in die Tiefe ziehen. Es mag Anstrengung bedeuten, böse zu sein; aber was es heißt, die Lippen verschlossen und seine Meinung geheimzuhalten, ermißt kein Athlet, kein Atlas. Mit jedem Gedanken zusätzlich immer einen anderen Gedanken abwehren, damit er nicht gedacht sei, das macht auf Dauer den Menschen zu einer leicht widerlegbaren Hypothese.

Abendlicher Geburtstagsbesuch bei einem Bekannten

Wie Proust es in der »Wiedergefundenen Zeit« beschreibt, so und doch zugleich ganz anders war mir zumute. Wohl kannte ich fast alle Anwesenden, die ich Jahre, vielleicht sogar Jahrzehnte nicht getroffen hatte, doch nun, da sie grauhaarig, manche fast weiß, mit aufgequollenen Gesichtern oder eingesunkener Statur vor mir erschienen, ereignete sich, daß die Vergangenheit zusammenfiel und ausgelöscht schien. So als wären wir nur für kurze Dauer getrennt gewesen. Sah man aber genauer hin, nämlich hinter die Oberfläche scheinbar guter Bekanntschaft, war zu erkennen, daß nicht Jahre, sondern Jahrhunderte uns getrennt hatten. Wir sprachen zwar noch die alten Worte und Namen aus, erinnerten uns lange zurückliegender Geschehnisse, wenn auch schon ungenau und verzerrt, gleichzeitig jedoch entstand die Einsicht, daß diese freundlich nickenden Pagodenfiguren, diese gemütlichen Wänste, diese lamentierenden potentiellen Greise weit in einer Epoche geblieben waren, aus der mich nur noch ihre Schemen erreichten, ein veraltetes Abbild früh erzielter Unveränderlichkeit: Wie eine Fernsehsendung aus versunkenen Tagen, die Mitwirkenden älter geschminkt, sonst alles wie gehabt: dieselbe Fortsetzungsserie mit derselben Besetzung. Es war mir recht zum Wundern, trübselig und heiter, wie ich da zwischen ihnen saß und mir vorkam wie ein zufällig hereingeschneiter Orpheus, dem, sobald er fortginge, niemand zu folgen vermöchte, ohne sogleich auf der Schwelle und auf der Stelle in Zigarettenrauch oder Bierdunst aufgelöst zu werden.

Eine Figur und was sie verliert

Mitten am hellichten Tage eine Vision. Ob nun gerade während der Dienstzeit oder in der Mittagspause, vor einem Schaufenster, an einer Straßenbahnhaltestelle oder auf einem wenig belebten, sogar ganz einsamen Platz, die Kennzeichnung des Ortes, die Nennung der Umstände spielt keine Rolle, allein wichtig, daß ein großer, weißer Vogel, nahezu riesig jedenfalls, sich vor der Person schwingenschlagend niederließ, um den Schnabel zu öffnen und zu sprechen: »Alles ist sinnlos! Du vergeudest dein Leben mit Nichtigkeiten! Lauf weg! Leb endlich!«

So enorm der Eindruck, daß die Person eine ganze Weile wie gebannt auf dem Fleck verharrte und erst, von Passanten angestoßen, sich wieder in Bewegung setzte. Kaum erneut im Kreise von Kollegen, Mitarbeitern, Partnern alltäglicher Unternehmen, später auch von Freunden, versucht die Person den Hergang zu schildern, das Flügelrauschen und wie der gewaltige gefiederte Schemen vor ihr stand, hornige Krallen in den Rillen des Pflasters, und dann diese mitleidige Eindringlichkeit in der sonst menschlichen Stimme. Doch je präziser die Person das Geschöpf zu beschreiben suchte, desto unwahrscheinlicher und blasser wurde es. Zuletzt schien es bloß noch traumartig, dann sogar irrtümlich eingebildet, vielleicht ein wehendes Laken, aber wer trocknet schon Wäsche auf der Straße? Nun, dann wenigstens ein Plakat ungewöhnlichen Formats, von einer Litfaßsäule abgerissen, vom Wind hergewirbelt: Sowas verführt, insbesondere in Momenten geistiger Abwesenheit, zu überraschenden Verkennungen. Und die Worte? Ach, das hat doch jeder schon mal gedacht, vor sich hingemurmelt, Leben verpfuscht, alles falsch gemacht, Selbstbestätigung gewöhnlicher Depression, das vergeht wieder, und weglaufen, um zu leben? Wohin denn? Ins Kino? In die Kneipe? In die Sprechstunde eines Psychiaters? Oder nach Hause?

Die Person sieht ein, daß sie sich getäuscht hat. Oder durch Umstände außerhalb ihrer Einflußmöglichkeiten getäuscht worden ist. Visionen gibt es keine. Die Straßenreinigung ist bekanntermaßen schlampig und läßt Papier zum Aufflattern herumfliegen. Früher, ja, da gingen noch diese älteren, seriösen Männer umher mit Uniformmützen und Stöcken, an denen unten eine eiserne Spitze war, und stachen in jedes Blättchen und hoben es auf, aber das ist vorbei.

Noch einmal Spielzeug

Unaufwendige Unternehmen, zu altem Blechspielzeug zu gelangen, durch Annoncen in Zeitungen, als viertelstundenweise Flucht vor dem latenten Bewußtsein einer wachsenden allgemeinen Misere, vor der Ungewißheit des eigenen Schicksals, und – in einer stagnierenden, jede autonome und individuelle Handlung kriminalisierenden Gesellschaft – Pseudo-Aktivität auszuüben – Dauerlauf am Ort, wie es bei Tucholsky heißt. Um selber nicht ganz zu versteinern.

Doch entgegen solcher negativen Kurzanalyse der Motive meiner Sucht oder vielleicht nicht so sehr entgegen, sondern ihr wirksam zugehörig als ihre Kehrseite und Positivum: die Lust ungetrübter Überraschung durch irgendein Spielzeug, das man auftreibt, geschenkt bekommt, billig kauft; das einem die Post per Nachnahme zuträgt, nachdem es einem der Verkäufer nur brieflich beschrieben hatte: Als erwiese sich die vom Heiratsvermittler einem zugeführte Braut unerwartet und zusätzlich als exquisite Schönheit.

Walter Benjamin hat das alles genau gewußt, in der Beschreibung seiner Leidenschaft, der Erinnerung an zufällig entdeckte Unikate besonderer Kinderbücher, seinem Sammelobjekt, und kannte den Blick kindlichen Einverstehens, den sie ihm zurückgaben, während er in ihnen blätterte: Die Begegnung zwischen dem sich des Vorganges bewußten Erwachsenen und einem Stück aus der Kindheit sprach auf unbeschreibliche Weise, unhörbar und spielerisch verschlüsselt von Erlösung und Heilung. Von Rettung jedoch kein Wort. So brachte die blinde Norne es zustande, daß Walter Benjamins Kinderbuchsammlung erhalten blieb und sich heute in London befindet, während er selber auf der Flucht vor dem sterben mußte, was niemals auf ihren hübschen bunten belehrenden Seiten Platz gefunden hatte.

Vorschlag für ein verbessertes Verfahren

Aufgefordert, konstruktive Vorschläge zur Verbesserung allgemeiner Lebensumstände zu machen, könnte man zu bedenken geben, ob es nicht künftig vorteilhafter sei, Opfer vor ihrer Erschießung zu rehabilitieren. Auf diese Weise ließen sich langanhaltende Prozesse sowie ungute Auswirkungen auf das Renommee jener Gesellschaften vermeiden, in denen derlei Vorgänge hin und wieder unvermeidbar scheinen. Begönne man gleich mit der Erklärung, ab sofort Irrtümer und Fehler begehen zu wollen, würde sich niemand wundern, wenn nach derartigen Bekundungen auch wirklich der Terror einsetzt. Die fehlende Ankündigung der Maßnahmen war, wie es sich immer wieder gezeigt hat, falsch: Der Überraschungseffekt zeitigte unliebsame Rückkoppelungserscheinungen, die sich beim nächsten Male leicht vermeiden lassen, wenn man den umgekehrten Weg geht, indem man von vornherein bekannt gibt, Unschuldige in entsprechender Anzahl liquidieren oder sonstwie ausschalten zu wollen – nur so kann eigentlich verhindert werden, daß künftige Generationen stets neue Entschuldigungen erfinden müssen für ein Verfahren, das gar keiner Entschuldigung bedarf, sobald man nur die Reihenfolge ändert. Denn dann wäre alles im Lot und das Problem wie nie gewesen.

Wissen ist Ohnmacht

Über uns selber, von wem denn sonst, wissen wir schon zuviel. So sind uns vor allem unsere Schwächen vertraut und damit verzeihlich geworden. Räsonierend über unsere abwägenden Bedenken, von denen wir uns gehindert wissen, richtig, nämlich der Lust am Leben entsprechend zu leben, oder die persönlichen Folgen zu mißachten, wo es darum geht, den vernichtenden Resultaten des allgemein gehobenen Standards entgegenzutreten, erklären wir diese Bedenken, immerhin Beweise unserer Denkfähigkeit, zu angelernten verinnerlichten Übeln, von denen wir erlöst sein möchten. Zugleich aber hegen und pflegen wir sie, um nicht durch sie zur Spontaneität verführt zu werden. Gefühle erwecken Angst vor ihnen. Und zu trauriger Letzt wissen wir auch noch, daß wir wissen: Wir sind nicht nur der »Herzensträgheit« erlegen, wir stellen uns auch selber die Diagnose unseres Abgestorbenseins und halten jede Kur für aussichtslos, solange sie nicht generell angewendet wird, weil sie beim Einzelnen, und das wissen wir ebenfalls genau, nicht anschlägt. Erst die andern, dann ich. Was bleibt bei solchem klaren Bewußtsein als in eine Ecke zu knien und den Kopf zu verstecken: Aber er findet sich immer wieder.

Fotografie

Sie wollen keine Bilder der Unterdrückung, denn diese sind wüst. Auch teilweise verwischt, obschon sie jede Phase vorführen. Von ihnen zu reden, ist ein Wagnis, weil, da sie die angewandte Methode zeigen, dieselbe unversehens auch gegen den unvorsichtigen Kameramann, den unbedenklichen Fotografen benutzt werden kann: es handelt sich ja um die optische Dokumentation der Defäkation innerhalb eines politischen Systems, auf Deutsch: Wie die oben die unten bescheißen, leicht verwackelt, dafür aber in Farbe.

Es sind jene Fotografien, die inhaltlich den allgemein bekannten und veröffentlichten entgegengesetzt erscheinen, ohne jedoch etwas grundsätzlich anderes darzubieten. Die seriösen Hosen hinter Balustraden heruntergelassen, die Miene träumerisch oder konzentriert, die bekannten weitschauenden und gütigen Blicke über die Köpfe der Opfer gerichtet, die mit offenen Mündern, angeschnallt oder festgenagelt, das ist nicht genau erkennbar, ihr Teil abbekommen. »Warum essen die Armen nicht Kuchen?« soll Marie Antoinette am Vorabend der Revolution gefragt haben, als die Hungernden bis Trianon vordrangen, und seitdem weiß man, irgendetwas muß man ihnen zu kauen geben und sei es Vorgekautes und Vorverdautes – auf diese Weise wird nämlich ihre Beschwerde, ihr Aufmucken wesenlos: Bitte, ihr habt ja was gekriegt, dasselbe, das wir hatten, es gibt keine Unterschiede, wie ihr seht, die Gleichheit ist verwirklicht, die Diskussion beendet!

Immer schon lebte eine Ahnung, nicht das sei Perversion, was sich insgeheim zwischen wenigen, meist nur zweien, begibt, sondern was in aller Öffentlichkeit vor jedermanns Auge sich abspielt, aber dergestalt, daß man es für etwas anderes hält, nämlich für ein besonders inniges Verhältnis vertikal aufeinanderbezogener Menschengebilde statt für den besagten Akt, dessen Wahrheit kenntlich zu machen eine außerordentliche Optik notwendig ist.

»Asoziale Elemente«

DER BEGRIFF IST nachweislich faschistisch: Wer nicht dem aktuellen Gefüge, der erzwungenen Übereinkunft entspricht, und freiwillig ist keine, sie alle schafft mehr oder weniger direkter Druck, dem wird jede menschlich-kategoriale Bezeichnung aberkannt: Vom Bürger, gar Staatsbürger, Einwohner, Teilnehmer, Mitglied seiner Nation oder gleichgearteten Tätigkeitsgruppe sinkt er zu einem chemisch-physikalischen Nenner ab, das nicht mehr unser Gesicht, das überhaupt kein Gesicht mehr trägt. Mittels der Bezeichnung zur Sache gemacht, ist es einfach, mit ihnen dementsprechend umzugehen, da sie keines Einspruches mehr fähig sind, höchstens noch akustischer Emanationen, und sie aus dem Wege zu räumen.

Mein Unbehagen ist diesem Begriff in der offiziellen Redeweise des Realsozialismus begegnet und an ihm merklich gewachsen: Die Aberkennung des Status als Humanum bekundet die schlimmste Absicht und ihre ebenfalls schlimme Ausführung. Nun jedoch erleben wir sogar, wie nicht allein ein Einzelindividuum, sondern wie zehntausend Personen, die sich auf das Gelände der peruanischen Botschaft in Havanna geflüchtet haben, um – aus welchen Gründen immer – ihr Land zu verlassen, mit eben jener vernichtungsdrohenden Bezeichnung belegt worden sind.

Selbst wenn diese Menschen Menschen wären, die nicht gerne für schlechte Bezahlung und noch schlechtere Versorgung arbeiten; die den Glauben an eine versprochene glückliche Zukunft verloren haben; die nur noch ihren eigenen Interessen leben wollen – sie blieben dabei immer Menschen. Ihre Verhexung ins abstrakt Anorganische jedoch widerlegt nicht nur die vordem gebrauchten großen Worte, mittels derer diese selben Menschen zu »Erbauern des Neuen« ernannt worden waren, sie gibt zugleich zu erkennen, was die für funktionale Anwendungen unbrauchbar Gewordenen noch gelten und was ihnen blüht, sobald sie sich einer kargen Zweckdienerschaft zu entziehen gedenken – und legitimiert damit unfreiwillig das Tun eben jener, denen blind und hochfahrend ihr Menschentum abgesprochen wird.

»Chinesische Grausamkeiten«

Was uns heute in den Zeitungen über die Chinesen mitgeteilt wird, gleicht aufs Haar dem, was die Journaille vor dem ersten Weltkrieg zur Begründung der deutschen Intervention beim Boxeraufstand 1899 veröffentlichte. Auf »chinesische Grausamkeiten« pochend, ohne jedoch irgendeine von diesen Behauptungen beweiskräftig zu detaillieren, werden die Soldaten der Volksbefreiungsarmee (mit und ohne Anführungszeichen) unausgesprochen zu gelben Teufeln ernannt. Doch da sich die Geschichte niemals exakt wiederholen und aus den Nachgeburten von Kaiserreichen inzwischen sozialistische Länder entstanden, vollzieht die Phrase von den »chinesischen Grausamkeiten«, stimmig, wahrscheinlich, wie so viele Phrasen, ungewollt und unwiderruflich die Zerstörung der eigenen ideologischen Position: Die chinesischen Soldaten – genauso lange sozialistischer Erziehung unterworfen wie z. B. die Bürger der DDR, nämlich dreißig Jahre hindurch – als barbarische Soldateska zu definieren, gesteht ein, daß diese im Sozialismus aufgewachsene Generation von Chinesen keinerlei Veränderung ihres Bewußtseins erfahren hat. Sind diese Soldaten den eben noch in Vietnam kämpfenden amerikanischen moralisch gleichwertig, so ist damit der Beweis erbracht, daß gesellschaftliche Modelle auf die ihnen Unterworfenen keinen oder doch nur sehr schwachen bewußtseinsbestimmenden Einfluß ausüben. Weder haben die großen Ideen, denen zufolge die, die sich zu ihnen bekennen, im Menschen das höchste und schützenswerteste Gut sehen, das lebende Kriterium allen sozialen und ethischen Wandels, sich ausgewirkt, noch die veränderten Verhältnisse menschlicheres Verhalten hervorgerufen. »Chinesische Grausamkeit« pocht blind auf die Unveränderlichkeit einer ethnischen, falls nicht gar »rassischen« Eigenart.

Und obwohl es sich »nur« um ein vorschnelles Propagandawort handelt, zeigt die Unüberlegtheit, aus der es stammt, was man selber von Überzeugungen und Grundsätzen hält, auf die man doch gleichermaßen wie die Chinesen eingeschworen zu sein meint. Sie sind purer Schein, im Ernstfall zu nichts verpflichtend – das haben wir schon am eigenen Leibe zu spüren bekommen. Daß die Prinzipien mißachtet werden und zwar von denen, deren einzige Legitimation zur Herrschaft aus ihrem Schutz herrührt, ist nicht neu. Nur daß ein System, das sich auf seine humane und humanistische Grundeinstellung beruft, auf eine Weise Haß predigt, welche nur unter Aufgabe des eigenen theoretischen Fundaments möglich ist, das läßt für seine Zukunft (und für die unsere) das Schlimmste befürchten.

Der Malteser Falke im Friedrichshain

In diese grauen und großen, aber nicht ganz geheuren Betonklötze von Flakbunker und Sanitätsbunker wagten sich Mutige, vorausgesetzt, sie besaßen eine Taschenlampe für die Suche nach erhofften Wertgegenständen, was meist ergebnislos verlief. Weil im Sommer fünfundvierzig auch der geringste Gegenstand von Wert und darum immer schon jemand früher dagewesen war und ihn sich angeeignet hatte. Eine vergangene Szenerie, an der sich das Publikum zeitweilig durch Abbau derselben beteiligte: es hackte Bäume um und zerkleinerte sie ungehindert, aller bisherigen Vorgesetzten ledig, spielte perfekt die Rolle des Unterlegenen und Besiegten, rauchte Machorka dabei und empfand unterhalb der physischen Bedürfnisse mit Verwunderung jene körperlosen sekundären, deren Befriedigung erst vollbracht sein kann, nachdem die primären gestillt worden sind, wie es heißt. Damals also (so sentimental reden nur Greise vom Gestern) verspürten nach langer Abstinenz sogar die geistigen Kleinverbraucher eine Sucht nach kulturell Neuem, Niegesehenem, Welthaltigem, pilgerten daher in die wenigen unzerstörten Kinos, um den von allen Besatzungsmächten mitgebrachten Filmen das Bild eines bis dato total tabuierten Auslandes zu entnehmen.

Das »Filmtheater Friedrichshain« (durch Demontage der vorausgehenden Buchstaben »UFA« entnazifiziert) ward wiedereröffnet, und diese Wiedereröffnung war die Eröffnung eines neuen Zeitalters, ohne daß man es geahnt, geschweige denn klar erkannt hätte. Erwartet wurde nämlich von denen, die überhaupt noch was erwarteten, eine Wiederaufnahme und Fortsetzung jener Epoche, die 1933 abrupt abgebrochen worden war – also das Menschenunmögliche. Aber ähnlich retrospektiv wiesen sich alle Hoffnungen dieser kurzen Jahre aus.

Einer der ersten Streifen, Inhalt wie Darbietungsweise völlig fremdartig, fast unverständlich, als handele das Produkt von außerirdischen Vorgängen, hieß mit deutschem Titel: »Die Spur des Falken«, und war die Verfilmung eines Kriminalromans von Dashiell Hammett, Name aus Schall und Rauch für deutsche Restmenschen, die vordem mit Christina Söderbaum geschluchzt, mit Hans Moser gelacht und durch Werner Kraus und Heinrich George ihre jüdischen Nachbarn verachten (und erniedrigen) gelernt hatten. Vor ihnen (und mir) tat sich ein gesellschaftlicher Kosmos auf, der, im Gegensatz zum Kosmos, eine Anarchie unerwarteter Bewegungen und Verläufe bildete, mit großer Selbstverständlichkeit und ohne alle Scheu präsentiert: ein Novum für jeden durch die Kunst des Beschönigens Verdorbenen. Auch der Typ des Helden war ungewohnt: Sam Spade. Detektiv auf der Spur des edelsteingefüllten Bronzevogels, kämpfte sich kleinwüchsig, aber vital, unheroisch, ironisch, prügelnd und geprügelt und unentwegt zigarettenpaffend durch alle Fährnisse hindurch. Seine Gestik, seine Art des Reagierens, sein rares, plötzlich Sympathie hervorrufendes Lächeln, das die tiefverfalteten Züge auflichtete, enthielten in wechselnder Graduierung menschliche Wahrhaftigkeit und Glaubwürdigkeit, was im Ufa-Film, dessen ideologische Basis selbst auf den »unpolitischen« Streifen wirkte, von eben dieser Basis aus verhindert wurde. (Nicht zu vergessen: in einer kritischen Situation Amerikas wurde dieser Schauspieler auch sogleich »Bolschewistischer Umtriebe« verdächtigt, was jedoch seiner

Popularität keinen Abbruch tat und seine materielle Unabhängigkeit nicht berührte.)

Man hatte eine (mit Untertiteln versehene) Botschaft von einem anderen Stern erhalten. Obwohl unverstanden, blieb sie durch die schauspielerische Intensität ihrer Übermittlung unauslöschlich: ein Brandzeichen, mittels dessen eine expansive Kultur in ihrem Ausdehnungsbereich die von ihr Berührten und Betroffenen prägte. Generationen zwischen Berlin und Tokio, um nur zwei Synonyme für globale Wirkung zu nennen, band sie an sich, und ein bedeutendes Maß des späteren Anti-Amerikanismus geht (unter anderem) aufs Konto enttäuschter Hinneigung, gebrochener Affinität, uneingelöster, durch künstlerische Präsentation beglaubigter Versprechen, die in der geistigen Wüste des Nachkriegs alle transozeanischen Werke zu machen schienen. Das »American Century« erlebte nach dem Sieg seinen Höhepunkt.

Später, nach der Teilung Deutschlands und Berlins, traf ich Humphrey Bogart, denn kein anderer war Sam Spade gewesen, erneut im Kino wieder, diesmal in der Rolle des Kommandanten der »Caine«, auf der wir – wie alle Zuschauer – zornerfüllt und rebellionsbereit mitfuhren. (Ähnlich innerlich beteiligt, nur im Zustand der Euphorie, hatte dreißig Jahre zuvor ein anderes Publikum an den Vorgängen auf einem anderen Kriegsschiff teilgenommen, dem »Potjomkin«.) Nicht nur litten wir mit der Mannschaft, wir erhielten auch eine Lehre: Daß, wo die Lage unumschränkte Befehlsgewalt und Unterordnung begünstigt, diese den negativen Typ fördert, weil echte, natürliche Autorität eine extreme Rarität ist, welche nicht per Ukas verordnet und verbreitet werden kann. Übrigens: es gibt bekanntlich solche Situationen nicht nur in

Kriegszeiten; sie sind nicht einmal auf militärische Verbände beschränkt.

Trotz eindeutiger Schwächen des Films von der »Caine«, die das Schicksal viel zu vieler namenloser Leute auf Erden war und ist, und trotz der patriotischen Apotheose, eine berüchtigte Hollywooder Konzession und obskure Entsprechung des »Roten Schwänzchens« im Sozialistischen Realismus, hat Bogarts Studie eines sozial-pathologischen Falles, eines weiter und immer weiter sich verbreitenden Symptomes, noch Bestand. Klargemacht ist die Ich-Schwäche, welche besonders in festgefügten Hierarchien grassiert, ja, eigentlich ihre innere Verfassung stellt, und die ihr Eigentümer durch gesteigerte Ordnungssucht, eine wirkliche Sucht, weil sie die Abhängigkeit einschließt, kompensieren muß: »Machen Sie mal den obersten Hemdknopf zu, Mann, oder wollen Sie hier nackt herumlaufen . . .?!«

Und wie er da vor dem Militärgericht sitzt, die beiden klickenden Stahlkugeln in der Rechten, beileibe kein Spielzeug, sondern das äußere, äußerste Zeichen eines zur Maschine regredierten Mannes, die jedoch im Sinne höherer Effizienz nicht richtig funktioniert hat: gescheitert, doch aus ihm unerfindlichen Gründen. Und so wenig er ein zufriedenes Scheusal wie der Schiffsarzt vom Deck des russischen Panzerkreuzers ist, so wenig wirkt er bemitleidenswert, so wenig erscheint er reines Opfer, das die widrigen Umstände gezeugt haben. Das Pathologische seiner Erscheinung ist das Konzentrat der Pathologie des gesamten Systems. Aber das wird nur spürbar und damit vielleicht auch erkennbar durch eine grandiose schauspielerische Leistung, die rückwirkend auch den frühen Sam-Spade-Darsteller in unserer Erinnerung verklärt.

Tiere

ELIAS CANETTI SPRICHT in seinen Aufzeichnungen davon, was ihm Tiere bedeuten, doch ohne es mit der Schilderung einer konkreten Beziehung zu verdeutlichen, und es steht zu fürchten, daß es für ihn diese gar nicht gibt. So wenig wie es ihm möglich wäre, jedenfalls seinen Worten nach, ein tatsächliches Zusammentreffen mit Pygmäen im afrikanischen Busch emotional zu bewältigen, so daß er lieber die Berichte über sie läse, so durchaus inexistent scheint auch die Bindung zu irgendeinem Mitglied einer in Europa heimischen Gattung. In dieser offensichtlich fehlenden Beziehung bekundet sich vermutlich ein prinzipielles Verhalten des Intellektuellen, dessen Neigung, etwa zur Menschheit, zum Menschen, auf gleicher Basis ruht: auf einer philosophisch-hypothetischen, statt auf einer faßlich realen.

Zu Tieren kann man nur in ein Verhältnis treten, wenn man mit ihnen zusammenlebt und sich zugesteht, daß man ihresgleichen ist – zumindest in mancher Hinsicht und ohne sie zu vermenschlichen und zu behandeln als seien sie bloß zurückgebliebene, andersgestaltige Kinder.

Es gilt aber, was nicht bei allen Tieren möglich ist, sich ihnen hinzugeben, wobei niemals vergessen werden darf, daß sie doch kaum ganz zu ergründen sind. Hunde und Katzen, seit vor- und frühgeschichtlichen Zeiten unsere Gefährten, kommt man leichter nahe; schwieriger wird es bei Arten, deren Lebenssphäre von der unseren unüberbrückbar differiert oder deren Aussehen und Verhalten unbewußt gewordenen Normen widerspricht. Krokodile, Warane, Oktopen, Schlangen, Hyänen, Fledermäuse, Faultiere – sie können nicht mit unserer spontanen

Sympathie rechnen, eher begegnen wir ihnen mit Gleichgültigkeit, falls nicht gar mit Widerwillen. Aber sie sind doch Geschöpfe wie alle und nur Opfer verinnerlichter Ästhetik und unseres Verlangens, uns selbst, die Krone der Schöpfung, wiedererkennen zu wollen. Freilich: keine brüderliche Ähnlichkeit, nur eine karikaturistische, erwarten wir, ohne Rücksicht auf ihre zoologische Richtigkeit: diebisch wie eine Elster, eitel wie ein Pfau, dummes Schaf, blöde Gans, schlauer Fuchs, feiger Hase, falsch wie eine Katze.

Erst nach der Erkenntnis, wie vorurteilend der eigene Blick sei, verlieren die so fremdartigen Gestalten ihre Abstrusität und erlangen eine Schönheit, die nur ihnen eigen ist. Jedes in seiner Weise exquisit.

Und Canetti, der doch inständig auf ihrer Bedeutung besteht, irrt, wenn er in ihrer Gesamtheit nur verschiedene Erscheinungsformen eines Wesens sieht und meint, ein Tier könne sich ins andere verwandeln, womit ihre Artspezifik zur Maskerade degradiert wird: ihnen ist, obschon Canetti darauf insistiert, Verwandlungsfähigkeit weniger gegeben als uns. Sie sind in solchem Maße Untertanen ihrer Instinkte, ihrer angeborenen Eigenschaften und ihrer Physis, daß Freiheit in keiner Form für sie zugänglich ist. Selbst in der sogenannten »freien Wildbahn« schleppen sie stets ihren unsichtbaren Käfig mit sich.

Und wenn du dich unter deine Katzen mischst und sie sich an dich schmiegen, als wärest du einer von ihnen, so eint euch die gleiche biologische Gefangenschaft, und der Unterschied besteht nur darin, daß du es weißt und sie nicht.

Religion

Der Marxismus ist der letzte, bereits verweltlichte Glaube. Letzter darum, weil ihm die Transzendenz fehlt. Stattdessen enthält er die Utopie als Endziel und Aufgabe; das säkularisierte Himmelreich. Dieser Glaube, glaubhaft durch seine wissenschaftlichen Bestandteile sowie durch die leibliche oder/und seelische Not potentieller Gläubiger, durch ihre Blindheit gegenüber historischer Erfahrung, muß stärker als jeder vorhergehende eines Tages die Gläubigen enttäuschen, da sich die chiliastische Harmonie, zu der die Theorie hinführen soll, genausowenig realisieren läßt wie ein Leben im Jenseits. Darum muß der Verfall dieser Religion, nachdem sie die Welt erobert hat, die Menschen auf die Sinnleere ihres Seins zurückwerfen: Damit werden sie einst leben müssen. Eine neue Sinngebung, angereichert mit utopischen Elementen, ist deswegen unmöglich, weil Religion, gleichgültig welche, prinzipiell in der Praxis statt das Eigengewicht der Inhalte zu bekunden, etwa Moralität vom jeweiligen Herrschaftssystem abzukoppeln, die Notwendigkeit für ihre Anhänger betont, sich angesichts des Nichts einer möglichen Abhängigkeit und Fremdbestimmung anheimzustellen. Erst wurde die persönliche Verantwortung ins All projiziert, dann in die Zukunft, wo sie, genau wie bei tatsächlichen Lichtbildprojektionen, ungeheuere Vergrößerung erfuhr, namens welcher getan werden durfte, wozu eigenes Selbstbewußtsein nicht fähig gewesen wäre.

Wird erst einmal die Wahrheit bekannt, daß alles Zueinanderverhalten, alles Produzieren und technisches Fortschreiten nur unterm einfärbenden Schein jeweiligen Glaubens stattfindet, hingegen nichts von ihm kausal bewirkt wird, erhält jeder zum ersten Male die ungeahnte Freiheit, zu sich selber zu kommen, sich selber als Sinn zu erfahren, nicht das Absolute – heiße es, wie es wolle.

Ägyptismus

Je umfassender die Ordnung, desto geringer die Verantwortung des Einzelnen, desto geringer sein Bemühen um ein lebenswürdiges Miteinander, über das man sich keine Gedanken zu machen braucht, solange die Ordnung stabil bleibt – und sie dauernd zu stabilisieren, ist das Interesse aller. Vielleicht eben gerade, um der Mühen, menschlich zu sein, ständig enthoben zu werden, weil es sich als Ding, als eingeordnete Sache, für die alle Bewegungen geregelt und vorgeschrieben sind, scheinbar problemloser lebt.

Atrophie

Faust, geballt im Verlauf der Jahrhunderte, eine permanente Bewegung, bis sie am inneren Widerstand von Fleisch und Muskeln und Sehnen endet, um – wie indische Büßer einzelne Glieder ihres Leibes durch Ungebrauch zur Lähmung verurteilen – eines Tages zu keiner anderen Geste, keinem anderen Handgriff mehr fähig zu sein.

Souveränität

Wo besonders energisch und lautstark auf die eigene Souveränität gepocht und jede andere, die sich beispielsweise darin bekundet, daß sie sich zur ersteren kritisch äußert, als Angriff empfunden wird, kann man eines gewissen organisierten Unrechts sicher sein. Diese so eifrig und eifersüchtig gehütete Souveränität der Staaten, die bereits durch normale Informationen über Vorgänge innerhalb ihrer Grenzen als verletzt gilt, scheint grundsätzlich keine andere Bedeutung zu haben, als die der Legitimation zur Missetat. So hat sie und nichts anderes die Ausrottung weiter Bevölkerungsteile in Uganda durch Idi Amin ermöglicht, wie sie ebenfalls die Unterdrückung der schwarzen Majorität in Südafrika deckt oder den Völkermord in Kampuchea. Solange ein System oder ein Regime die Verbrechen auf sein Territorium beschränkt, kann es sich jedem Ausland gegenüber darauf berufen, es handele sich um seine »inneren Angelegenheiten«, in die jegliche äußere Einmischung untersagt sei. Die allgemeine Hinnahme dieses Arguments ist bedrohlich, denn sie macht klar, daß jene minder barbarischen Staaten, die sich bestenfalls zur moralischen Verurteilung der besagten inneren mörderischen Angelegenheiten aufraffen, immer damit rechnen, selber eines Tages, falls auch für sie das Verbrechen zur Staatsräson werden sollte, durch die international anerkannte »Souveränität« gegen äußere Eingriffe von seiten einer aktiven Humanität geschützt zu sein. Die unentwegt beschworene Unverletzlichkeit dieser Souveränität bildet mit der andauernden Verletzbarkeit und dem tatsächlichen physischen Verletztwerden der im Souveränitätsbereich Befindlichen eine unauflösliche Einheit.

Ideologie

Welche auch immer, selbst die gegensätzlichsten, zeitigen hier wie da gleiche Ergebnisse: Die Massaker in Hitlers Europa motivierten sich aus biologischen, wenn auch falschen Theorien, und bis heute sind wir uns über die tatsächlichen Gründe nicht klar, obwohl sich ausreichend überzeugende Hypothesen anbieten: Es bleibt der uneingestanden unterbewußte Grundantrieb unaufgehellt. Wie in Kampuchea aufgrund sozial-revolutionärer Vorstellungen fast ein Drittel der Bevölkerung ausgerottet wurde, ohne daß unserer Vernunft die mörderischen Vernunftgründe einsichtig würden. Beängstigend vor allem, daß die Blutbäder, die Abschlachtungen selbst von Kindern, vor derart unterschiedlichen geschichtlichen Hintergründen sich begaben: Ob Mitteleuropa 1943 oder Ostasien 1978 – weder religiöse Traditionen noch ethnische Überlieferungen, weder politische Umgangsformen noch ökonomisch-technische Entwicklung weisen auch nur die allergeringsten Berührungspunkte auf, die den Ansatz zu einer vergleichenden Analyse des Völkermordes böten. Nichts als die blutigen Tatsachen selber ähneln sich und legen die trostlose Vermutung nahe, es gäbe vielleicht überhaupt keine Überzeugung, die ein Denken hervorbrächte, das sich der Mordbereitschaft verweigerte.

Die Substanz der Geschichte

Wie die Naturwissenschaft nur in der Lage ist, bestimmte Erscheinungen an ihren Wirkungen auszumachen, zu untersuchen, zu messen, um sie in ein allgemeineres System einzuordnen, so auch geht die Geschichtswissenschaft von den ihr bekannten Fakten aus, anhand derer sie die Geschichte klassifiziert: etwa als eine von Klassenkämpfen oder als eine klimatisch verursachte. Ganz genau weiß sie aber nicht, womit sie es eigentlich zu tun hat; wofür die wechselnden, häufig gegenläufigen Deutungen gewesener Ereignisse Zeugnis ablegen. Vorzuschlagen wäre daher, um einwandfrei die wahre Substanz der Historie zu analysieren, sie erst einmal durch ein einfaches Experiment zu ermitteln, dessen bestätigendes Ergebnis vielerorts durch eine einheitliche Methode möglich ist. Für den deutschen Beweis zielt der Vorschlag darauf ab, sich wesentliche Gestalten der kulturellen oder zivilisatorischen Vergangenheit einfach wegzudenken. Würden wir etwas vermissen, wenn Dürer und Beethoven nicht gelebt hätten?

Natürlich nicht. Denn wir wüßten es ja nicht besser: Der Verlust, um tatsächlich als solcher empfunden zu werden, bedarf der vorhergehenden Anwesenheit des zu Verlierenden. Wenn wir keinen Virchow gehabt hätten, keinen Carl Benz, keinen Paul Ehrlich, ja: keinen Albert Einstein – würden wir, falls wir uns ins Vergangene umwendeten, ihr Fehlen erkennen?

Genauso glatt und geschlossen wie mit ihnen läge die Geschichte auch ohne sie hinter uns und gäbe urplötzlich zu erkennen, woraus sie eigentlich besteht und was sie, entgegen aller verfälschenden Theorien, wirklich ist: Ein schmieriger Talg humanoider Provenienz, der jede nur denkbare Lücke ausfüllt, und sie wie nie gewesen erscheinen läßt.

Verfall

ANGESICHTS DES FORUM ROMANUM oder jener sich selbst überlassenen, manchmal gerade noch erleuchteten aber schon aufgegebenen Häuser in Brixton, South London, Widerschein endlos langer Abschiede der Völker von ihrer Geschichte, können wir uns der unseren und ihren Materialisationen nicht zuwenden, ohne zu erstarren, weil uns die Gnade des Verfallendürfens nicht mehr zuteil wird.

Archäologie

GEHEIMNISVOLLE STÄDTE, AUS dem Sand der Erde gewaschen. Was wieder auftaucht, wird erklärt und bleibt dennoch rätselhaft. Die kühnen Anlagen hoch über Schluchten oder mit Weitsicht über das Meer, der verlorene Sinn, der abgestorbene Zweck: Die Fantasie schickt Gestalten aus, damit sie die übermäßig breiten Steinstufen hinaufschreiten, an den Zyklopenmauern lehnen, über Brüstungen gebeugt, Schatten von Frauen und Männern am Mittag, ruhelos klagend mit den Stimmen von Zikaden.

Die Welt wie sie war, trotz ihrer massiven Reste, erscheint nicht mehr glaubhaft. Waren das alles nur mißlungene Entwicklungsversuche, wie auf biologischer Ebene die Saurier, einzig mit der Absicht, uns hervorzubringen, oder bedeutet unsere eigene Zivilisation auch nicht mehr als die der Hethiter oder Olmeken?

Am Ende schlängelt sich ein morastiger Waldweg von uns fort, immer dichter überwachsen von Farn und Ried, von Gras und Moos, eine ständig undeutlicher werdende

Spur, die in eben dieser Undeutlichkeit und Undeutbarkeit eine bezeichnendere Erbschaft darstellt als alles Steingefüge dieses Planeten.

Laterna Magica

ANDERS ALS SELBST altertümliche Fotografien wirken die bunten Bilder der Laterna-Magica-Platten lebloser und traumhafter. Handele es sich um Landschaften, Märchenillustrationen, Volkstypen, Kinderspiele, jedesmal zeigen sich die Farben wie mit Bedacht gewählt: nach dem Grad ihrer Unnatürlichkeit. Und da der Bezug zu tatsächlichen Dingen und Ansichten aus unserer Umwelt oftmals gegeben ist, wirkt, was wir sonst weniger eigentümlich gefärbt kennen, als sei es direkt einem schlafenden Hirn entzogen worden. Besonders die Himmel der Laterna Magica ähneln eher denen, die die Astronomie anderen Planeten spekulativ zuordnet: stets ist ein Stich ins Giftige, eine intensive farbliche Drohung vorhanden. So daß dem betrachtenden Kinde nicht nur aus dem Sujet Unheimlichkeit und Beängstigung widerfährt – allein schon diese absonderliche Farbigkeit überwältigt es im dunklen Zimmer unter dem reglosen Strahlen der Zauberlaterne, die selber den Märchen zu entstammen scheint, die sie dem Geängstigten an die Wand wirft.

Rezeptur

Wenn der Marxismus so viele Intellektuelle beeindruckt und beeinflußt hat, dann stellt sich die Frage, ob nicht an dieser Wirkung ein Gutteil aufs Konto der literarischen Brillanz und Intensität, der dramaturgischen Logik und Überzeugungskraft der kanonischen Texte geht? So wie Proust künstlerisch logisch und psychologisch überzeugend ist, daß jeder Vorwurf des Elitären, der »Dekadence« gegen sein Werk am Werk selber zerschellt, so ähnlich scheint einem auch das Literarische, ja, Künstlerische und Dialektisch-Artifizielle in den Büchern der »Klassiker« von Kritik unerreichbar: die innere »Stimmigkeit«, die aufs Haar jener der großen Belletristik gleicht, ist durch keine Beispiele und erst recht durch keine Realität widerlegbar. Denn die große Theorie ist weitaus mehr als nur das, eben auch Kunstwerk, dessen Anziehungskraft der anderer Werke nahekommt, in denen menschliche und menschheitliche Beziehungen bildhaft und präzis ausgedrückt sind – wie beispielsweise in der Bibel. Aber sowenig wie diese als ethischer Auftrag vom Christentum verwirklicht wurde, so wenig, wie zu fürchten steht, läßt sich die ökonomisch-gesellschaftliche Implikation jener fesselnden Bücher nebst der ihr verbundenen Moralität ins Faktische übertragen – Schicksal aller Kunstwerke, nach denen Leben sich zu richten sucht, ehe es den Versuch als gescheitert aufgibt.

Eine Figur und ihre Überzeugung

DASS WAHRHAFT ANDERES, wirklich neues Sein erst nach der Katastrophe möglich würde, zumindest für die Überlebenden, davon ist die Figur überzeugt.

Was denn für eine Katastrophe? Die ökologische? Die ökonomische? Die militärische? Von allem ein bißchen, glaubt die Figur, reicht aus, um die Menschen zum Umdenken zu bewegen, jene, die dann noch im Besitz ihres Hirns sind. Die Figur, durch Augenschein und Erfahrung aufgeklärt, meint, keiner wäre imstande, den alten Trott aufzugeben, alles liefe wie nach einem geheim gefällten Todesurteil ab, das der Delinquent, wir eben, nur ahnte oder argwöhnte; zwar befürchteten wir das Schlimmste, das Fallbeil, erwarteten jedoch unaufhörlich einen Gnadenerlaß, weil wir auch schon früher ein paar Mal mit heiler Haut und blauem Auge davongekommen sind.

Es ist doch leichter zu hoffen, sagt die Figur, als sein Verhalten, seine Gewohnheiten tatsächlich zu ändern. Mit und an der Hoffnung gehen wir zugrunde. Das heißt: Ich bin überzeugt, eine Anzahl von uns wird es schon überstehen, und die sind dann endlich für alle Zeiten geheilt – gebrannte Kinder für immer. Das ist meine Überzeugung. Freilich ängstigt mich manchmal vor dem Einschlafen der Gedanke, daß jene Überlebenden vermutlich von der Katastrophe gar nicht direkt betroffen wären, also die da in den Bergwäldern Borneos, vielleicht ein Eskimostamm jenseits des Polarkreises, oder die Pygmäen, weil sie so klein und daher leicht zu verstecken sind, oder einige australische Ureinwohner, die sowieso schon in der fruchtlosen Wüstenei leben – würden sie als Erben unserer Zivilisation, da sie die bittere Lehre gar nicht erfahren haben und nur deren Folgen bemerken, nicht wiederherstellen, was sich hier und da erhalten hat? Mit dem Ergebnis, daß auch sie, ab einem bestimmten technischen Stand, einem gewissen Entwicklungsniveau mit Verspätung die Selbstvernichtung nachvollziehen, die wir dann schon hinter uns haben? Wäre erst dann endlich Ruhe?

Die Figur schüttelt besorgt den Kopf, weist solche Schlüsse als Ergebnisse geminderter Wachheit von sich und behält ihre Überzeugung vom kathartischen Massaker: Eine braucht der Mensch eben, und sei es selbst solche.

Ernst Bloch und Albrecht Dürer

In vielen Wohnungen, meist den ärmlichen oder auffällig monoton ordentlichen bin ich ihnen begegnet: den »Betenden Händen«, nach dem Dürerschen Vorbild. Als schlichtschlechtem Kunstdruck, oder, ein Alptraum, aus Kunststoff gepreßt oder gegossen, kupferfarben eloxiert, um das echte Metall, nur ohne Patina, vorzutäuschen, befestigt auf einem gebeizten und polierten Eichenholzbrettchen. Eine ungewollte heimtückische Kopie des dadurch unansehbar gewordenen Originals, dem man daran die Schuld zu geben unbewußt geneigt ist.

Und Bloch?

Hängt als Fotoporträt, das ungebärdige weiße Haar, die »markante« Brille mit schwarzem Gestell, die leicht dampfende Tabakspfeife präsentierend, in den Wohnungen jener Leute, deren Meinung zu Dürers Händen als Wandschmuck weltanschaulich fundiert, deren Urteil über die Käufer derart unfreiwilliger Kuriosa vernichtend ist. Ohne das sie die Gleichartigkeit der Antriebe erkennen würden, denen zufolge man seine Wände mit derart unterschiedlichen Hervorbringungen dekoriert: Durch ein Symbol für eine Halb- oder Viertelöffentlichkeit und für sich selber seine Geisteshaltung zu bekunden. Man »zeigt Flagge«, wie das im politischen Jargon heißt, der von Fachterminologien, besonders gern vom Nautischen, seine Metaphern und Redewendungen bezieht. Und indem man das Symbol, das seltsam dingliche Kondensat eigenen ungegenständlicheren Denkens und Glaubens anderen sichtbar macht, fühlt man sich selber gestärkt und bestätigt, als stünde die geballte Macht der Philosophie oder der Religion einem zur Seite. Bekennertum, doch von der ungefährlicheren Sorte, zeigt sich auf diese Weise und ersetzt außerdem die Mühe des Selbstdenkens, die Anstrengung des Glaubens, jedenfalls bis zu einem gewissen Grade – was den Vorzug leichteren Wechsels bietet, da man ja nur das Bild, dessen Kraft notwendigerweise eines Tages erlöschen muß, von der Wand zu nehmen und durch ein neues zu ersetzen braucht.

Doppelgänger

JEMAND, DER MIR schrieb, hat mich darauf gebracht, darin ein Problem zu erkennen, und ich meinte, es sei erst mit der bürgerlichen Gesellschaft, ihrer doppelten Moral, ihrer Entfremdung und Schizophrenie entstanden: daß die Spaltung der Persönlichkeit in zwei einander opponierende Personen Erzählung wird. Aber nachdem ich länger darüber nachdachte, an all die Geschichten, früh schon und mit Schauder gelesen, Dr. Jekyll und Mr. Hyde, Meyrinks »Golem«, »William Willson« von Poe, Dorian

Grey und Andersens »Schatten«, kam mir vor, die Sache wie ihre literarische Thematisierung sei weitaus älter, als die allerletzte historisch-materialistische Schulweisheit träume. Der Bruch, das Auseinanderfallen des Menschen muß in einem historisch dunklen Zeitpunkt vorgegangen sein, unbemerkt, unauffällig, so daß er nicht gleich Kenntnis davon nahm. Archäologisch gesehen, wäre dieser Augenblick im späten Mittelalter, an seinem Ausgang, denkbar, wenn der christliche Mythos, diese eindeutige Fortsetzung des antiken, seine Kraft einzubüßen beginnt und die Vernunft, zur Wissenschaft ansetzend, sich ihrer selbst bewußt wird. Daß ein Mensch zweie sein kann, bildet die Grundlage für alle Hexenverfolgung, während welcher der leibliche Mensch verbrannt wird, zwecks Rettung des in ihn eingebundenen seelischen Menschen: Hier entfaltet sich ein Vorgedanke von Doppelgängerschaft und der Möglichkeit zur Separierung des jeweiligen anderen, der, wie sollte es sonst sein, der böse andere ist. Der christliche Dualismus enthält bereits das Konzept, das bis in unsere Tage wirkt. Die zwei Seelen, ach, in unserer Brust, der göttliche und der irdische, der sterbliche und der ewige Teil erlangen irgendwann Sichtbarkeit, indem die innere Ambivalenz als ein Paar äußerlich identischer Figuren auftritt. Der zwischen ihnen stattfindende Kampf, er ist stets unvermeidlich, muß mit dem Tode eines der beiden enden, mit einem der beiden Prinzipien, die sie wahrhaft »verkörpern«. Nicht immer siegt das »Gute«, doch selbst wenn: niemals erfahren wir, wie es, seiner dialektischen Hälfte beraubt, weiterzuleben vermag. Daher enthalten auch manche dieser Geschichten den Doppeltod, insbesondere wenn das Böse triumphiert, ohne gleich zu ahnen, daß es den Besiegten nicht überleben kann.

Recht betrachtet, zeigt der Stoff wohl doch weniger eine kurzschlüssig gesellschaftsbedingte Dekomposition als ein urtümliches Wissen von dem entscheidenden Moment, da der Mensch aus der Natur heraustritt und sich selbst gegenübersteht, unbegreiflich, heimatlos, ein Rätsel für sich, das im Doppelgängertum zwar keine befriedigende Lösung, doch wenigstens eine vorerst erklärende Darstellung findet.

Marx und Freud

ABKÖMMLINGE GLEICHER GEMEINSCHAFT, des Judentums nämlich, und weniger gegensätzlich, als wir anzunehmen gewillt sind. Worin die Schöpfer einander scheinbar ausschließender Theorien nahezu identisch sind, ist ihre psychische Prägung, die aus ihrer Herkunft stammt: sozial und seelisch sensibel, weil in der Minderheit seit Jahrhunderten Verfolgter, Benachteiligter, Diskriminierter geboren und sich dieses Umstandes unaufhörlich bewußt: Das macht empfindlich für alle Arten von Unterdrückung und gewöhnliche Gemeinheit rundum. Intellektuell genug, die Gründe dafür analytisch zu erforschen und zu erfassen. Eine einmalige Konstellation, die hinter den Leichenbergen der »Endlösung« nie wieder auftauchen wird.

Gehen wir davon aus, daß es ohne solche hochentwickelten und differenzierten Individuen keine originalen Hypothesen zur Rettung des Menschen vor sich selber mehr geben wird, bleibt kaum mehr als ein Schimmer von Hoffnung, daß im Kreis der gegenwärtig bedrängten Intelligenz unser inneres wie äußeres Befinden neu durchdacht werde.

Das Werk der beiden Klassiker aber, dem Mißbrauch tüchtiger Machthaber und tüchtiger Unheilpraktiker anheimgefallen, hat sich gegen jene gewendet, denen zu Hilfe es entworfen worden war.

Die Idee des Fortschritts

SIE GRÜNDET AUF zwei falschen Voraussetzungen: die eine ist psychologischer, die andere naturwissenschaftlicher Herkunft. Erstere resultiert aus einem Hochmut, der, durch einen Blick in die geschichtliche Vergangenheit scheinbar bestätigt, seinen gelebten Augenblick als den Gipfelpunkt einer in der Hauptsache technisch-instrumentalen Entwicklung ansieht. Jedermann, auf der Höhe seiner Zeit, ist zugleich auf der Höhe aller Zeiten. Hinter ihm liegt der Anstieg, säuberlich in gesellschaftliche Formationen, in prägnante Kategorien eingeteilt, Stufen alle, die aber nur zum zweiten Irrtum solcher Betrachtungsweise hinführen: zur biologistischen.

Verheerend ausgewirkt hat sich Darwins grandiose Entdeckung von der Evolution der Arten. Nicht allein, daß sie einst alle soziale Auseinandersetzung und Zerstörung durch Analogieschluß als naturgegeben, naturhaft rechtfertigte; nicht allein, daß sie den Begriff der Rasse verantwortet, der durch Verknüpfung mit gesellschaftlichen Problemen und Widersprüchen zum Rassismus mutierte – sie verband sich mit heute erstaunlicher Selbstverständlichkeit und gänzlich unbewußt mit der tiefinneren Überzeugung, selber an der Spitze historischer Entwicklung zu stehen und von dieser in eine immer bessere, immer vollkommenere Zukunft getragen zu werden.

Die Biologie als Leitwissenschaft des späten 18. und nahezu ganzen 19. Jahrhunderts, das ungewöhnliche Interesse, das vom Zwischenkieferknochen Goethes bis zum bedingten Speichelfluß Pawlowscher Hunde reichte, hat dazu geführt, die über diesen langen geschichtlichen Zeitraum eingeschliffene biologistische Betrachtungsweise in andere Erkenntnistheorien heimlich und unkontrolliert einsickern zu lassen. Die Höherentwicklung und Differenzierung, der »Aufstieg«, eine regelrechte bürgerliche »Karriere« vom wirbellosen Kaltblüter zum uns bereits angenäherten Säugetier enthält sowohl sozialethische Wertung (»Erfolgreiche Anpassung«) wie individuelle Sympathie (»Familiäres oder gruppenbildendes Verhalten«). Was uns weniger fremd erscheint, woran wir eigenes Verhalten vergleichen können, findet leichter eine emotional positive Besetzung als das völlig Unähnliche. Kein Ammonshorn, kein Archäopteryx, kein Waran, kein Alligator darf sich unserer Zuneigung erfreuen wie etwa das niedliche kleine Urpferd, die Gemeinschaft baumbehausender Prä-Hominiden oder die lustigen Äffchen im Zoo, deren Gemeinschaftsleben das unsere zu unserer Lust und Überlegenheit persifliert.

Objektivität ist unsere Sache nicht. Daher sind wir nicht in der Lage, Kriterien zu erarbeiten, nach denen wir jeder bisherigen Epoche das Recht ihrer Besonderheit zugestehen können. Dem jeweiligen Wechselspiel aller Komponenten Einmaligkeit und Einzigartigkeit zugestehen, ohne es als bloßen Beleg für Weltanschauung zu nehmen, für die Hypothese von der aufsteigenden Linie: eine Fantasmagorie, an die wir trotz allem im Kern unseres rudimentären Stammhirns nicht recht zu glauben vermögen. Weil wir sie doch immer wieder mit Gewalt, äußerer wie innerer, als Vorstellung durchzusetzen und zu erhalten und in der Realität zu verwirklichen suchen. Das wäre unnötiges Tun, besäße die Idee den ihr zugesprochenen Tatsachencharakter. Den aber besitzen nur die Folgen unserer Irrtümer, derer einer die Übertragung des biologischen Evolutionsmodells auf das Wissen von der Gesellschaft und der Geschichte ist.

Bastille

WOHER DIESE LEIDENSCHAFT, einen Stein einfügen zu müssen? Fast ein Schmerz, zumindest ein Unbehagen vor den Reihen gleichmäßig behauener Fragmente, zwischen denen eine Lücke klafft oder deren Ende oder Anfang unvollständig erscheint. Etwas fehlt, von dem man versucht wird, es aus sich selber zu schaffen und an dem wartenden Platz unterzubringen. Auf diese Weise, fürchte ich, entstanden nicht nur die geneigten Gebäude rund um die Kathedralen sowie diese selber, auch die Gefängnisse und Zwingburgen, die städtischen Festungen der Verwaltung verdanken unserer Sucht nach Vollständigkeit ebenfalls ihr Dasein, ihre drohende Gegenwart und ihre fernere Dominanz uns zu Häupten, darinnen ein dauerhaftes Bewußtsein dieser Tatsache fehlt. Einmal die Bastille, ja, einmal haben wir uns aufgerafft und tanzen immer noch trunken auf dem Pflaster, wo sie stand, und bemerken nicht, daß sie nur zwei Schritte weiter und drei Tage später schon wieder neu errichtet worden ist, von solchen wie wir, sogar von uns selber vermutlich.

Zur Soziologie

Was unbedingt angemerkt werden soll: daß Soziologie, welche Einsichten und Erkenntnisse wir ihr auch verdanken, zugleich der Unmenschlichkeit Vorschub leistet, indem sie Menschen nur als Träger sozialer Rollen, als Funktionsfigurinen untersucht und darstellt. Aber kaum einer geht in seiner Rolle ganz auf, und ist darüber und über seine Funktion hinaus eine (wenn auch heterogene) Ganzheit, die durch Zerlegung in ihre erworbenen Bestandteile nicht völlig erklärt wird. Erst jenes überschüssige »Mehr«, das wir, summiert man die Summe unserer Bedingtheiten, nicht recht einordnen können und das sich unserem Kausalitätsbegehren entzieht: Ist das der Mensch, den keine Naturwissenschaft vermittelt, und der über alle, stets zu kurz greifenden Deutungen hinaus bewahrt zu werden verdient? Droht uns nicht Überwältigung durch das errechnete Bild, Muster, dem wir uns fügen sollen, ihm ähnlich werden, unbedacht, unfreiwillig – was ohne den Verlust eines scheinbar nebensächlichen Beiwerks, unseres Menschentums nämlich, nicht möglich wäre?

Fluchtburg

Jede persönliche Vergangenheit ist ein Buen Retiro, ein Ort des sich Zurückziehens wie des Rückzuges, letzteres genauso strategisch gemeint wie es klingt: Geschlagen von einer nicht mehr zu bewältigenden Gegenwart und ihren unbegreiflichen Ereignissen flieht das alternde Individuum in seine Erinnerungen an einstmals glücklichere oder auch nur leidenslosere Vergangenheiten. Sie tatsächlich noch einmal zu erneuern, ist gar nicht dringlichste Absicht: diese heißt Trost. Das von der Ambivalenz aktueller Erfahrung gereinigte Bild des Gewesenen, in dem der »besonnte« Teil wie überbelichtet hervortritt, erweist sich als Beruhigungsmittel, auf welches niemand zu verzichten vermag. Nur wem seine eigene Vergangenheit dermaßen verdorben wurde, daß sie der verschönernden Erläuterung durch zeitlichen Abstand widersteht, muß ohne innere Fluchtburg leben und lebt darum vielleicht – da er nie ins verfälschte heitere Licht seiner Frühgeschichte eintreten kann – immer im Schatten des Suizids, der möglicherweise für ihn irgendwann und irgendeines trüben Salzburger Tages zum einzigen Ersatz für den versperrten Teil der Biographie wird, ohne den man wohl existenzunfähig wäre.

Das erklärt recht genau, warum jene ältere Generation von Deutschen die Schrecken des Hitler-Reiches nicht wahrhaben will oder zumindest sie abzuschwächen sucht. Die Zahl der Opfer wird kindlich verringert, als wäre dadurch alles weniger schlimm gewesen. In dieser brutalen Naivität steckt mehr als der Versuch, eine mögliche Mitschuld zu verkleinern. Anlaß ist, sich jenes Stück gelebtes Leben, vom Erinnern notwendigerweise verklärt, intakt und funktionstüchtig zu erhalten als besagte innere Auffangstellung vor dem andrängenden Heute. Nur aus unbewußten psycho-therapeutischen Motiven stammt diese unangemessen aggressive Abwehr gegen die Aufklärung über eine historische Strecke, an der man teilhatte einfach durch Anwesenheit; während welcher man jung war, unbedacht, hoffnungsvoll, ichbezogen, und die Welt im Großen wie im Kleinen eindrucksstark erlebte. Diesen Besitz, der wie ein antiker Gegenstand von Tag zu Tag wertvoller wird, soll unzerstört bleiben, denn was hätte man noch außer ihm, ginge er dadurch verloren, daß man ihn für blinden Hohn auf das furchtbare Schicksal von Millionen Menschen halten müßte? Keine Fluchtburg mehr und kein Halt fürs Dasein.

Kitsch 1

GLEICH WELCHER GATTUNG, als Literatur, Film, Werk der bildenden Kunst: Kitsch definiert sich zuallererst als die Abwesenheit von Widerspruch. Wie Kunst nur durch Widerspruch entsteht, er sich in ihr ausprägt und damit als Echtheitssiegel aller Künste begriffen wird, so entstammt Kitsch nicht dieser Herkunft, erscheint wie dem Haupt eines Zeus entsprungen, der aber ein Gartenzwerg ist.

Die übertriebene »Schönheit« des Kitsches, seine suchtverursachende Sentimentalität und Geistlosigkeit ergeben sich daraus, daß in ihm, unter Leugnung des Prinzips, jede Hervorbringung sei eine Aktivität von Gegensätzen, unwirkliche Harmonie gestaltet ist. Nicht Harmonie als gelungene Balance widersprüchlicher Elemente und Kräfte, sondern Harmonie weit vor aller Einsicht in das Zusammenwirken von Gegensätzen. Darum ist diese Harmonie ohne Rest, eine Rechnung, die vollkommen und allzuglatt aufgegangen ist. In solcher Harmonie, deren Schaffung das Ausblenden jeglicher Realität bedingt, bekundet sich das Fehlen von Intellekt, ja von Intelligenz überhaupt, selbst von Instinkt, der zumindest das dialektische Wesen aller Dinge ahnt. Borniertheit gegenüber aller Welt ist Voraussetzung für Kitsch; nur die hemmungslose Uneinsichtigkeit kann ein Bild falscher, weil voraussetzungsloser Harmonie herstellen.

Und doch, wir merken es an unserer eigenen Reaktion, am Gerührtsein beim Aufnehmen, ist darin ein Abglanz des Ersehnten, der Utopie, endlich erlöst zu sein vom Leid des Wissens, daß wir aus den Widersprüchen immer wieder nur zu weiteren Varianten schmerzlicher Erfahrungen gelangen können. Insofern bezeichnet Kitsch das Glück, die Seligkeit momentanen und notwendigen Vergessens und aus dieser Notwendigkeit bezieht er die Berechtigung und die Permanenz seines Vorhandenseins.

»Ich möcht so gern Dave Dudley hör'n . . .«

OBSCHON, WIE EIN deutscher Klassiker sagt, das Volk nicht tümlich ist und, wie man hinzufügen muß, auch musikalisch längst unfruchtbar, zumindest in Europa, hat es doch in Amerika sich eine ganz eigentümliche, eigenwillige Liedkunst geschaffen, eine sehr diesseitige, realistische. In ihr steckt wenig Nostalgie, wenn sie auch in unsere späten Tagen diese unabsichtlich hervorzurufen beginnt – was aber eher an uns liegt, die sich voll Schauder von der Zukunft wegwenden und hinter sich blicken, auf scheinbar geruhsamere Gefilde, wobei man fast zu erstarren meint, weil einem soviel versalzen worden ist. Statt Brunnen vor den Toren, guten Monden, die so stille gehen, Knaben, die Röslein stehen sahen, eine höchst vitale Wortwelt, der nichts Menschliches und auch Unmenschliches fremd ist. In der Verbrechen geschehen, Eifersucht, Verrat und Tod sich darstellen, Gewalt und

Trübsal, Banküberfälle und Liebesgeschichten, und die ungeheure, ungeheuerliche, ungezähmte Natur zwischen Atlantik und Pazifik kenntlich wird: Landarbeit, Bergbau, Viehtrieb: Ob Woodie Guthrie oder Chet Atkins, Hank Williams, der sich totgetrunken hat, oder Johnny Cash, sie alle erzählen uns Legenden, aber in jeder steckt, wie in Legenden stets, ein Stück erfahrener, gelebter Wahrheit. Und daraus, aus diesem nie nachlassenden, nie veraltenden Ingredienz beziehen diese Lieder ihre Anziehungskraft und ihre Echtheit. Vielleicht werden sie eines Tages nicht mehr gesungen, falls die technizistische Zivilisation in ihrem Ausrottungsprozeß fortfährt, doch selbst dann verlieren sie nicht ihre Bedeutung, in der sich bekundet, was wir mit dem Begriff »Amerika« eher verdecken denn erklären.

». . . doch AFN ist weit . . .«

Sehnsüchtiger Neid, heimliche Bewunderung für soviel selbstverständliches Selbstbewußtsein einer Nation, wie heterogen auch immer sie sein mag: Wir würden das nie und nie wieder erlangen. Und das könnte einer der Gründe sein, daß uns diese ihre Musik, der klassische Größe mangelt, derart beeindruckt. Gerade jenes Element des Eingängigen und Gefälligen, des nahezu Familiären, dem stets etwas Bekanntes anhaftet, gipfelt in der kommerziellen Musik. Aber es ist ebenso in den einstmals sensationellen Kompositionen George Gershwins vorhanden wie in den Protestsongs Bob Dylans: Wie gegensätzlich die Klangfiguren auch sein mögen, sie scheinen auf der Basis einer relativ einheitlichen Musikkultur entstanden; die gegenseitige Durchdringung, ein aufeinander Abfärben unterschiedlicher Stile und Auffassungen ist wohl das Typische daran. Besonders auffällig macht sich das Phänomen in nachlässig gemischten Programmen von Rundfunkstationen bemerkbar: Ob Dixielandjazz, Hillbilly-Music, Ragtime, Blues, Country-Music, oder Folksong – jedes wirkt, als stünde es zum Vorangegangenen oder Folgenden, trotz aller Kontraste, in verwandtschaftlicher Beziehung. Ein plebejischer Zug ist häufig unverkennbar und logisch, erinnert man sich der Herkünfte: Sklaven, Cowboys, Bergbauern, Chicanos. Eine Musik ohne feudale Abstammung. Dieses erwähnte Element einfach als demokratisches zu bezeichnen, wäre leichtfertig. Demokratisch, jedenfalls im schlechten Sinne, ist gewiß die gestanzte, vorgeprägte Billigkeit der Schlager, auch die skrupellose Anpassung unterschiedlich ausgeprägter Musiken an den Markt durch Arrangement und Instrumentierung. Die Unkompliziertheit fördert, wenn auch nur im luftigen Reich kultureller Übereinstimmung, die Egalität, freilich bloß die Egalität des ungebildeten Geschmacks. Wobei die Frage entsteht, ob überhaupt eine andere Egalität denkbar ist. Möglicherweise findet – um eine ironische Sentenz Kurt Tucholskys abzuwandeln – wegen des schlechten Wetters die amerikanische Demokratie in der Unterhaltungsmusik statt.

Biermannsland

Nashville ist längst vermarktet, das Fernsehen strahlt es weit hinaus, die Schönheiten des Südens mit blonden, turmähnlichen Haaraufbauten wie Damen des

Ancien régime gehören unabdingbar dazu, im Publikum wie auf der Bühne, auch die Männer mit Stetsons und spitzen hochhackigen Cowboystiefeln, die längst außerhalb des Berufsstandes getragen werden, zur Hebung des Selbstwertgefühls und wie ein Bekenntnis zum einfachen Leben, das unwiederbringlich entschwunden und zur Maskerade geworden ist. Gürtel, messingbeschlagen, Jacken mit indianischer Perlstickerei oder den Fransen an Ärmeln und Rückenpasse, vieles Talmi, weniges noch echt. Entgegen jedem besseren Wissen erwarten in den Main Streets der von mittäglicher Hitze verödeten Kleinstädte der suchende Blick in dieser hölzernen Doppelreihe auf den Stufen des Barbershop, des General Store, des Kaffeeausschankes die verstaubte Gestalt eines amerikanischen Orpheus, der gerade hier für eine Tasse dünnen Kaffee, für ein wäßriges Bier Station macht, die Gitarre neben sich, um sogleich weiterzuziehen. Eine Mythenfigur, sicherlich, und trotzdem immer noch historisch glaubhaft durch ihre Lieder, von denen diese vergessenen Ortschaften durchweht sind: sie halten ihr Andenken aufrecht, wie die Landschaften, wie die ständig fernen Berge, die endlosen Schienenstränge und die niemals aufhörende Weite.

Es soll nicht vergessen sein, daß unter den umherwandernden Sängern, diesen letzten Trobadores der Welt, der große Lyriker Carl Sandburg lebte, als einer von ihnen und aus ihrer Perspektive den Kontinent überblickend, der bereitwillig alle Stoffe, alle Themen lieferte, für den bekannten und die vielen unbekannten Dichter.

Eine Figur und ihre Mutlosigkeit

EINES TAGES ENTDECKT sie, sie sei festgelegt: jede Bewegung, jede Geste. Sie merkt das am prüfenden Griff zur Gürtelschnalle bei dem Gedanken: Jetzt sie öffnen und sich des Beinkleides entledigen. Nackten Leibes, als wäre das ganz natürlich, zwischen den Versammelten so umhergehen. Aber, und da zeigt es sich, die Finger verweigern selbst der spielerischen Andeutung den Gehorsam: Tot und verkrümmt werden sie in die Hosentaschen zurückgeschoben. Derart geht es allerwege. Der Versuch, mitten auf einem öffentlichen Platz auf die Knie zu fallen und die sinkende Sonne anzubeten, vorbeigehende Passanten durch das persönliche Beispiel in die Adoration einbeziehend, bleibt hingehuschte Vorstellung, die sich sogar noch selber als peinlich empfindet. Warum, fragt sich die Figur, küsse ich nicht jeden auf meinem Wege, der mir gefällt? Warum ist es unmöglich, einfach in dieses oder jenes Haus zu gehen, an einer Wohnungstür zu klopfen, einzutreten, im Wohnzimmer Platz zu nehmen und zu sagen: Da bin ich, Ihr habt mich schon lange erwartet, nun wollen wir unsere Sorgen teilen, unsere Freuden auch, überhaupt unser Leben, daß so, wie es ist, keines ist, oder doch nicht dem entspricht, was wir einmal erwartet haben. Ich würde gerne mit Euch weinen, eng umschlungen schluchzen, worüber ihr wollt, am besten über unsere schlimmste Erfahrung: daß wir an Schnüren laufen, die wir außerdem noch selber bedienen. Und daß wir sie nicht loswerden können, aus lauter Angst vor der Haltlosigkeit, vor der schrecklichen Freiheit, in der wir uns auflösen würden, Menschensurrogate, wonach wir uns niemals mehr wiedererkennen würden. Ach, meine

Mitpersonen, einmal sich nicht wiedererkennen und dann so bleiben! Ein Vorgang von unvorhersagbarer Ungeheuerlichkeit, der nur dadurch zu verhindern ist, daß man die Gürtelschnalle festzieht, so fest und straff wie möglich, die Hände in den Taschen reglos anlegt, den Mund voller trockener Begriffe, enthaltend etwas Existenzielles wie einen milden Magenbitter, die Augachsen so gerichtet, als befände sich am anderen Ende ein Ziel, und dann höflich grüßend abtreten: Mehr bleibt der Figur in ihrer Mutlosigkeit, wie sie merkt, gar nicht übrig.

Bewegungen

WAS SIND DAS alles für Bewegungen, die nichts ergeben? Aufstehen, umhergehen, treppensteigen, hinsetzen, aufstehen, niederknien, hinlegen, rechte Seite, linke Seite, Rücken, aufstehen, Platz nehmen, Platz behalten, hinter dem Tisch, vor dem Tisch, ans Fenster treten, durch die Tür und zurück und hinlegen. Was bringt das?

Manchmal gleitet die Hand übers Gesicht, ohne daß das Gesicht es merkt. Ein Mund öffnet sich: Die Nahrung wird eingefüllt. Die Hose öffnet sich: Die Nahrung wird wieder entlassen: Als bestünde darin der Sinn allen Seins, aller Bewegung, die doch kein Ziel kennt. Wohin soll das nur führen. Die wirklichen Bewegungen geschehen in unsichtbaren Bereichen, wo es chemisch zugeht und molekular. Und dazu braucht keiner aufzustehen, umherzugehen, Treppen zu steigen, niederzuknien: Die wirkliche Bewegung ist Aufstand genug, ein Empor sondergleichen, ein Fall zur Erde, welche, während es geschieht, sich dem Gesicht nähert, groß wird, ihre Farbe und Feuchtigkeit zeigt, ihr bewegungsloses Überdauern, ihr Geheimnis, das so offenkundig an der Oberfläche ruht.

Demonstration

Entschlossen und ohne Zögern die Erstbeste auf dem Wege darauf ansprechen, einfach die Absicht als Vorschlag äußern, weder gierig noch erregt, sondern so als sei es eine Selbstverständlichkeit, daß man es beiläufig auf der Straße fordert, unabhängig vom Aussehen der Person, vom Zustand der Kleidung, der Brüste, der Farbe der Schamhaare, Fingernägeln, der Form von Knöpfen, Schuhen und anatomischen Beiwerk; auf dem Kofferraum oder der Motorhaube des nächstparkenden Wagens demonstrieren und zwar als deutliche Warnung, daß auf diese Art und Weise, jawohl, ganz genau so, in aller Welt der Weltuntergang vorbereitet werde.

Bestünde nicht eine gewisse Gefahr von Mißverstehen, solche unverhohlene Darbietung sollte eher wirken als trockene Artikel, lahme Statistiken, unleserliche Aufklärungsschriften und matte Aufrufe, endlich damit Schluß zu machen.

Miniatur

Von vielen, ganz winzigen Geschichten, die zu einer Erzählung keinen ausreichenden Stoff bieten, erschien mir immer am nachdrücklichsten eine, in der mit nahezu Kleistscher Verknappung berichtet wird, wie morgens ein Mann in seinem Bett erwacht, aber es ist gar nicht sein Bett. Auch die Frau neben ihm: eine Fremde. Ebenfalls die Wohnung eine gänzlich andere. Schon ist man bereit, über die zu erwartende komische Verwechselung zu lachen, erführe man nicht sogleich, wie der Erwachte mit entsetztem Blick nach draußen die Straße nicht erkennt, die fremdartigen Inschriften nicht entziffern kann. Eine andere Stadt, und sogar ein anderes Land. Der Mann ist fassungslos, gestern abend die paar Gläser Wein können die Nachwirkung nicht haben, und überhaupt: Wie denn? Und: Soll er die Frau wecken und nach seinem Hierherversetztsein fragen? Er mustert verzweifelt ihren klaffenden Mund, ein knochiges Knie, Haar wie Matratzenfüllung, und was ist, wenn sie schreit? Die Polizei ruft? Er eingesperrt wird, außerdem der Landessprache unkundig, also von vornherein als Ausländer im Unrecht und schon halb verurteilt? Möglicherweise herrschen hier besonders strenge Gesetze gegen unbemerkte Zugereiste wie ihn. Würde man ihn nicht für einen Spion halten, und werden Spione nicht gewöhnlich erschossen? An diesem Punkte seiner panischen Überlegungen bleibt dem Manne nichts übrig, als sich die Decke über den Kopf zu ziehen und weiterzuschlafen und auf einen besseren Traum zu hoffen.

Stückwerk

Über den Briefträger, den Nachbarn, gar eine fiktive Person ist leicht schreiben. Sie bieten einer vagen Menschenkenntnis den soliden sozial-psychologischen Umriß, den man nur auszutauschen braucht wie in der Kindheit die Figuren der Malbücher. Eine Korrektur solchen Bildermachens ist höchstens auf privatrechtlichem Wege zu befürchten, nämlich falls sich der Briefträger für beleidigt, der Nachbar für verleumdet hält, denn die erdachte Gestalt aus der Tiefe des Herzens, ohnehin eine Mördergrube, kann sich sowieso nicht wehren. Obgleich ein Stück vom Fleisch und Blut des Autors, häufig »unter Schmerzen geboren«, wird sie, kaum in die Welt gesetzt und in Umlauf gebracht wie kleine Münze, bereits von ihrem Herrn und Erfinder mit Nachlässigkeit und Gleichgültigkeit behandelt, degradiert zum Abfallprodukt des Geistes. Wenn schon mit den zwar abstrakten, doch eigenen Kindern so umgegangen wird, was hätte uns da der Autor noch über seine Mitmenschen mehr mitzuteilen, als daß er sie konzentrisch um sich angeordnet sieht: Er in der Mitte, sie, jeweils ihrer Aufgabe in Bezug auf den Autor entsprechend, ihm näher oder ferner. Ganz am Rande die Ignoranten, die noch nicht einmal seine Bücher kennen.

Warum dieser ironische Prolog zu einem Monolog, der über ein dialogisches Verhältnis gehalten werden soll, das sich ihm doch entzieht. Vermutlich ein Retardando. Ein simples Hinausschieben des ernsthaften Anfanges, der nicht nur wie aller schwer, vielmehr ganz verzwickt ist. Das liegt, man wird es gleich merken, daran, daß hier eine Stimme, meine natürlich, es unternimmt, über einen Menschen zu reden, dem gegenüber der solchermaßen Monologisierende sich in einer besonderen Lage befindet: der des Glaubens. Er glaubt, daß er bestimmte Kenntnisse über diesen Menschen hat, mit dem er seit achtundzwanzig Jahren täglich vierundzwanzig Stunden zusammenlebt, abgesehen von geringfügigen zeitlichen Unterbrechungen. Dem ersten Eindruck dieser Tatsache zufolge, müßte man während solcher Dauer erschöpfendes Wissen über den »Anderen« gewonnen haben, da er einem dermaßen nah, hautnah ist, aber wie häufig übergroße Nähe nicht immer die beste Sichtweise darstellt, so gelten auch in diesem Falle Einschränkungen. Darum keine Rede von Wissen, stattdessen von Glauben, summa summarum: einer Anzahl mittelmäßig gefestigter Vorstellungen aufgrund von Erfahrungen. Also: Empirie. Aber: Ist Empirie nicht doch Wissen?

Die Wissenschaft bestreitet es mir, und ich muß mich damit zufriedengeben, mit meiner Frau empirisch auszukommen statt wissenschaftlich. Das wiederum hat die fatale Folge, daß, weil eben jede Meßbarkeit und Quantifizierbarkeit wegfällt, ich darauf angewiesen bin, aus ihrem Verhalten und ihren Reaktionen eigene Schlüsse zu ziehen. Gleich kommt Unsicherheit auf: Entspricht dieser Mensch, wegen des langen Zeitraums unseres Zusammenlebens zutreffend »Lebensgefährtin« nennbar, nun eigentlich meinem Glauben – wobei ich zugebe, daß ich diesen Glauben selten einer erneuerten Prüfung aussetze. Und ich weiß nicht, ob ich es aus Selbstzweifel nicht wage oder aus Zweifel am anderen, der mir unversehens fremd werden könnte, sobald ich mein Bild von ihm nicht länger aufrechterhalten kann. So ist mein Glaube ganz sicher zu einer Gewohnheit geworden, und obschon ein toter Kollege zu Lebzeiten meinte, die besten Gewohnheiten wären die kurzen, steht doch fest: Es gibt welche, mit denen unser Leben so eng verpflochten ist, daß wir sie nicht ohne schwere Verletzungen, vielleicht sogar nicht ohne Lebensgefahr aufgeben können.

Gewohnheit bedeutet auch: tragendes Grundmuster. Und außerdem ist Gewohnheit nicht einseitig, sondern auch ein gemeinsam benutztes Therapeutikum. Wogegen? Gegen die zerstörerischen Einflüsse der Umwelt, als da sind: politischer Druck, Angst vor Repressalien bei Unwohlverhalten, Sorge um den Lebensunterhalt, Unsicherheit gegenüber der Zukunft, Besorgnis um die eigenen Arbeitsfähigkeit, um Ansehen und Freundschaft – alles mögliche Gewalten der Dekomposition, denen die bindende Kraft freiwillig akzeptierter Gewohnheit zu widerstehen vermag. Bist du dessen sicher?

Möglicherweise ist »Gewohnheit« nur ein Wort, das benennen soll, wofür kein anderes verfügbar ist, keines sich fügen will, oder das man aus Scheu vor pathetischen verwendet. Spricht mein Monolog, eigentlich über den Partner gedacht, nicht schon über einen Zustand, und wäre der mit anderen Worten, etwa »Philemon & Baukis« exakter und eindeutiger bezeichnet?

Jedenfalls nicht vom Rückzug auf »Du und ich« innerhalb einer Welt, die solche Rückzüge wünscht, aber sie gleichzeitig durch ihre allerorten offenkundige Unseligkeit verhindert, so daß Seligkeit »à deux« sich von selber ausschließt. Auch nichts Mythisches, Archaisches ist gemeint: Daß der Mensch allein sei, wäre nicht gut, heißt es im Buch der Bücher barsch patriarchalisch, das Menschentum dem Manne vorbehaltend, doch selbst Erkundungen archäologischer Art verhülfen nicht zu eingängigen Vergleichen, die das Verhältnis verständlicher machten. Offensichtlich steckt etwas darin, das der Gegenwart kaum mehr entspricht: Etwas Altertümliches, das sich nicht auf eheliche Arbeitsteilung oder nach außen gekehrte Solidarität beschränkt. Es ist vielleicht eine Gleichheit im Unähnlichen. Inwieweit sind wir Menschen, obwohl wir Männer und Frauen sind: Wir sind es über die künstlichen Bilder vom andern hinaus: Dahinter die kaum erkennbare Gestalt ist es vermutlich, von der alles ausgeht. Egalité wie Gegensatz: Mag das krude Sprichwort recht haben, daß Gegensätze sich anziehen. Was einem selber mangelt, besitzt der andere: Vor allem wünschenswerte Eigenschaften. Großzügigkeit beispielsweise und um den Monolog nicht im Abstrakten verschwinden zu lassen: Wer liebte nicht eine Frau, die immer mehr kocht als alle ihre Gäste essen können; die den Verschleiß privater Umwelt als gegeben hinnimmt; die mit dem (hypothetischen) Briefträger über sein krankes Kind, falls er eins hätte, zu weinen vermöchte, und in deren Sog, dank ihrer ungehemmten Motorik, Zeitungen zu Boden flattern, Gläser fallen und alle Gegenstände sich immer wieder an neuen, ungewöhnlichen Orten wiederfinden: Unbewußt verlangen alle ihre Gesten und Bewegungen nach größeren Räumen, und auch große sind noch zu klein, denn an den diffusen Rändern solcher wunderbaren Großzügigkeit geht diese selber in Unordnung über und verbreitet Papier über die Teppiche, Schuhe, Handtaschen, Bänder, Katzen, so daß alle mühsam betriebenen Ordnungsversuche glücklicherweise scheitern müssen, weil Ordnung, dieser trostlose äußere Ausdruck erzwungener Selbstdisziplin, in ihrer Psyche nicht begründet ist. Im Altertum gewiß ein lebendes Abbild der Magna Mater, der Erde direkt verbunden, obschon nur der Gartenerde mittels eifriger Wühl- und Pflanztätigkeit, voll selbstverständlicher Heiterkeit und Lebenslust: natürlicher Ausgleich für das Fehlen derartiger Positiva beim anderen Teil der Zweisamkeit. Und der? Wie zeichnet sich der in diesem täglichen Spiegel ab, der ihm sein Bild nur bruchstückhaft zurückgibt, und vermutlich nur die Bruchstücke, die er ohnehin von sich kennt? Wahrscheinlich ist er gar nicht in der Lage, diejenigen seiner Wesenszüge wiederzuerkennen, die ihm ein Lächeln, ein Schulterzucken, eine Redewendung seiner Gefährtin präsentieren. Und das dürfte die stets verdrängte Crux der Männer sein: Nicht daß sie ihre Frauen nicht kennen, sondern daß sie sich selber in ihnen nicht wiedererkennen. Die Ursache der Wirkung, die sie hervorrufen, solange es sich nicht ums Allergröbste wie A auf B handelt, bleibt ihnen fremd. So werden Frauen zum Negativabguß ihres Mannes, von dem er sich nicht denken kann, daß ihn selber abbildet, was ihm unbegreiflich entgegentritt. Freilich: Das ist abstraktes Wissen und in der Praxis unseres ziemlich konfusen Daseins wenig nützlich.

Doch ist auch das Gegenteil denkbar und sogar beweisbar. In Wahrheit, und ein gewisses Maß sollte selbst dieser Monolog enthalten, ist der Einfluß keineswegs einseitig.

Großzügigkeit übrigens prägt sich einem am schwersten ein, wenn man mit ihr nicht früh vertraut ist, und wer von uns wäre das schon. Wie oft müssen wir eine Eigenschaft wie diese vortäuschen, weil wir wissen, daß man sie von uns erwartet. Aber daran, daß uns solche Vortäuschung schwerfällt, läßt sich feststellen, welcher Bereitschaft es bedarf, ein ungewohntes Verhalten als natürlich anzunehmen. Der Trost: Die Vortäuschung, oft genug ausgeführt, wird vielleicht einmal doch zur zweiten Natur, also auch wieder zu einer Gewohnheit, die unter jene gehört, von denen es nicht genug geben könnte.

Hat man sich erst einmal gefragt, wie man sich selber im Wesen des anderen abzeichnet, wie man von ihm reflektiert wird, so bleibt die Frage nicht aus, wie man den anderen an ihn zurückgibt, unabhängig von direktem Lob oder Tadel, von offenkundig wertendem Verhalten, sondern vielmehr durch unser unkontrolliertes Reagieren auf sein Agieren, auf seine Handlungen, auf seine Anwesenheit. Denn allein verhalten wir uns anders. Ohne den Partner verändert sich unser Benehmen, sogar unserer eigenen Person gegenüber: In einer zeitlich begrenzten Einsamkeit, in einer menschenlosen, merken wir deutlich, wie uns ein Widerstand fehlt, nicht einer im Sinne von Resistenz oder gar Renitenz: Es fehlt uns unser Gegenbild. Am Ende bleibt die Ungewißheit, was wäre, würde man den andern tatsächlich genauer, ja, ganz genau kennen. Müßte nicht maximale Kenntnis abstoßend wirken? Wenn kein unaufgehellter Rest mehr bestünde? Keineswegs den andern zum Geheimnis verrätseln: nicht das. Bloß ihm jene Totalität zugestehen, die er ohnehin besitzt, und die, da sie eben Totalität ist, sowieso keinmal zur Gänze gekannt werden kann.

Auch du, und damit wendet sich der Schluß ans monologisierende Ich, bestehst aus dir selber fremden Partien, Bestandteilen, weder mystisch noch einmalig, die du trotzdem für dich behältst, als wisse dein Instinkt besser als dein Bewußtsein, daß es des inneren Schattens bedarf, soll überhaupt etwas von dir im Licht sichtbar werden. Daß etwas sichtbar werde, ist notwendig: Damit wir uns einander zeigen und einander zugetan sein können, denn solange wir eben Stückwerk sind, passen wir in unserer Unvollkommenheit dauerhaft zueinander.

Gewohnheiten

Die dummen Gewohnheiten des Körpers, und Gewohnheiten scheinen immer dumm, weil ihre Ausbildung im unergründlichen somatischen Dunkel liegt, veranlassen uns zu eigenartigen Bewegungen und Gängen und Haltungen. Die Notwendigkeit, zu ruhen, läßt einen auf seinem Platz zusammensinken, kein göttliches Geschöpf, weiß Gott, aber weiß er es wirklich, denn sonst hätte er doch für eine bessere Kondition sorgen müssen. Oder unser Verlangen nach Unterhaltung, nach einfachem Abgelenktsein, sobald man beschäftigungslos dasitzt, sich selbst überlassen, was soviel heißt wie: der Ödnis anheimgegeben.

Wie rätselhaft zeigt sich das Hin und Her von Menschen in Bahnhofshallen, auf Bahnsteigen, Vorplätzen, aus dem eindeutige Zwecke, eine Zielrichtung nicht ablesbar sind. Eine Gestalt mit einem Koffer zum Beispiel: Eben auf einer Bank, steht sie gleich darauf im Pissoir, danach unverhofft vor einer Schaufensterscheibe, um hastig und unsicheren Schrittes zu verschwinden, und um doch wenig später erneut auf einer Bank entdeckt zu werden. Währenddessen – und das gibt die geheime Tragik solch leeren Tuns zu erkennen – expandiert das Universum um weitere Abermillionen Lichtjahre, verhungern Völkerschaften, enden Epochen in blutigem Schweigen und entsteht ohne weiteres Zutun und unbeachtet eine ganz andere Zukunft als die, mit der alle rechnen, unter deren geglaubter Heraufkunft der Einzelne sein motorisches Tun stellt: Ließe sich doch mit Sinn erfüllen, was diesen so sichtlich entbehrt, weil es nur Gewohnheit ist und dagegen sein sollte: Der Vollzug einer höher gerichteten Absicht.

Sphinxe

DIE ALTEN FRAUEN in den Supermärkten, den Einkaufszentren, auf die blanke Karre gestützt, versunken im Anblick einer Wand voller bunter Schachteln, oder draußen vor Schaufenstern, gründlich blicklos, fast wie von irgendwem hingestellt, bis sie zögernd weitergehen und verschwinden, scheinen wie in einem Traum dahinzuleben, aus dem sie nicht aufwachen können.

Ist dieses unbeachtete Sein neben uns nicht *eigentlich* unbegreiflich? Ein unerkennbares existenzielles Gleichnis? Aus manchem der faltigen und vor Alter ausdruckslosen Gesichter der Blick wirkt feindlich und neugierig: Obwohl sie wissen, was allen bevorsteht, sind sie gekränkt, daß es ausgerechnet ihnen zustieß. Sie hatten früher so sicher mit ihrer ewigen Jugend gerechnet, daß sie nicht begreifen können, warum diese auf einmal vorbei und wo sie denn geblieben ist. Sie meinen, wenn sie sich umdrehten, hinter sich die Zeit liegen zu sehen, eine romantische Landschaft, unbetretbar geworden ohne eigene Schuld.

Sphinxe sehen dich an, die dich töten, sobald du ihnen ihr längst offenbares Geheimnis verrätst.

An einem Nachmittag

DA WEISS MAN plötzlich, daß man sterblich ist. Weil einem in diesem unvorbereiteten Moment die Gegenstände des Zimmers schon ganz fremd vorkommen. Selbst der Drehstuhl gibt sich so, als hätte er einen nie getragen, und die Benutzungsspuren stammen von irgendwem, den man nicht mehr identifizieren kann. Gleichgültig hängen die Bilder an den Wänden: Abgebrochen der stumme Dialog mit ihnen. Wie die Dinge liegen, liegen sie oder stehen sie in keiner Beziehung mehr zu dir und lassen wissen: Sie können ohne dich sein. Nur du kannst ohne sie nicht sein, denn wenn du ohne sie bist, bist du auch nicht mehr. Sie geben deinen Blick nicht länger zutraulich zurück, starr und fossil sind sie geworden, wie zu ihren bekannten Formen vergewaltigt, was sie, indem sie sich von dir abwenden, auch zu erkennen geben. Für eine lichte Sekunde kündigen sie ihr gewohntes Aussehen dem auf, dessen Schwäche seine unaufhaltsame Vergänglichkeit ist, um sie ihm höhnisch bewußtzumachen.

Sie wollen ihn überleben und spiegeln ihm vor, sie hätten dieses ihr Ziel bereits erreicht.

Eine Figur und was sie bedeutet

UNERWARTET UND OHNE eigentliches Überlegen bietet sich, um mittels einer Figur ein Befinden zu charakterisieren, eine alte Frau an, fast Greisin, sehr einsam, unauffällig, schon eine Schattenexistenz. Sie ist schlecht zu Fuß und verläßt nur noch selten die Wohnung, wahrscheinlich nur in dringenden Fällen, etwa um die Rente abzuholen, Lebensmittel zu besorgen, etwas Abfallfleisch für ihre Katze. Beim Heimkommen muß sie sich am Geländer festhalten, bis sie vor der Wohnungstür anlangt: Während sie aufschließt, redet sie bereits mit ihrem Tier, vertröstet es auf gleich, auf sofort, verspricht Delikatessen, immer dieselben, um von dem grauweiß gestreiften Wesen wie erwartet empfangen zu werden. Der Rhythmus dieses sich neigenden Lebens liegt unwiderruflich fest. Diesmal findet sie hinter der mühsam aufgeschlossenen Tür die Katze mitten in der Diele tot, den Kopf mit den spitzen Ohren und dem gesträubten Schnurrbart abgeschnitten und neben dem Leichnam in einer umfangreichen Blutlache.

Die alte Frau bleibt lange in der Tür stehen, ohne den Blick abwenden zu können. Sie weiß nicht, daß sie nicht weiß, was sie jetzt tun soll. Verwirrung die alles überlagernde Empfindung, unter der Entsetzen sich bildet, Angst, Verzweiflung, Mitleid und ein Bedürfnis, haltlos zu weinen, dem auch nachgegeben wird. Dann erst meldet sich die Überlegung: Es war jemand in der Wohnung oder ist es vielleicht noch! Die Furcht vor dem verborgenen mörderischen Gast hebt die hilflose Wut über die Schandtat auf. Ohne die Wohnungstür zu schließen, sicherheitshalber, obschon um die Vormittagszeit niemand die Treppe benutzt und gerufen werden könnte, betritt die alte Frau ein Zimmer nach dem anderen. Niemand hier oder dort oder im nächsten. Sie schaut schluchzend und zitternd unter Tisch und Bett, in den Schrank, in die Speisekammer, nirgends ein Anzeichen fremder Anwesenheit. Nachdem die Kontrolle ergebnislos verlaufen, schließt sie die Wohnungstür und verriegelt sie besonders langsam und sorgfältig, als erhöhe das den Schutz. Später wird der kleine schlaffe Körper samt Köpfchen in ein altes Handtuch gewickelt und in eine Plastiktüte verstaut; dabei weint sie erneut, unfähig sich zu beruhigen. Sie muß sich nach dieser Anstrengung hinsetzen und längere Zeit tief durchatmen, bevor sie auch noch die Diele aufwischen kann. Während sie kniet, vernimmt sie ihr eigenes Ächzen und Stöhnen, als komme es von anderswo und von anderswem her.

Abends kann sie nicht einschlafen, die Nacht wird zur Qual, sie nimmt Schlaftabletten, mehr als sonst, um gegen Morgen ein oder zwei Stunden einzudösen.

Weil sie keinen kennt und mit den Beerdigungsriten für Haustiere nicht Bescheid weiß, fährt sie mit der Straßenbahn an den Stadtrand, wo sie einen Park aus gesünderen und jüngeren Tagen weiß. Dort läßt sie das Paket beim Überqueren eines Brückchens in das sacht strömende Wasser fallen, es schwimmt, die Plastikhülle enthält zuviel Luft, und während es davontreibt, weiß auf dem schwarzen Wasser, bittet sie zu Gott, daß kein Parkwächter oder Polizist sie gesehen habe möge. Mach, daß es untergeht und nicht gefunden wird!

Heimkehrend, verharrt sie zögernd vor der Wohnungstür und wagt nicht, sie aufzuschließen. Sie überlegt, ob sie jemanden aus dem Hause bitten solle, mit ihr gemeinsam in die Wohnung zu gehen, doch sie ist sich sicher, daß ihre Erklärungen eigentümlich klingen würden. Die Befürchtung, für verrückt gehalten zu werden, hemmt sie. Man besitzt ausreichende Kenntnisse über das, was mit alten, geistig geschwächten Menschen geschieht. Aber auf dem Treppenabsatz kann sie auch nicht bleiben. Sie muß zwischen zwei möglichen Katastrophen wählen – ob sie ein Pflegefall werden will oder ein Mordfall, denn sie ist inzwischen überzeugt, daß das Ende ihrer Katze ihr eigenes ankündigen soll. Irgendwann schließt sie auf und humpelt mit kurzen Schritten in ihre Behausung, wieder ohne die Tür hinter sich zuzuziehen, wenigstens gehört will sie werden, ihr Schreien, wenn es passiert. Die Wohnung liegt lautlos, eine ärmliche Kapelle, voller aufgebahrter toter Erinnerungen. Aufs neue überprüft sie die Zimmer: Nichts. Wer nur kann hier eingedrungen sein und die Katze getötet haben und wozu? Eine Warnung? Eine Drohung? Oder, was sie sich ungern eingesteht, eine Ankündigung? Wie sonst soll sie den sinnlosen Vorgang verstehen?

Bevor sie sich zu Bett legt, rückt sie unter Schmerzen den schweren Tisch vor die Wohnungstür: seine Beine schurren über den Dielenboden, im Linoleum bleiben tiefe Spuren zurück. Ein überlautes Geräusch in der abendlichen Stille, in der völligen Leere eines unmenschlichen Universums.

Als sie gegen Morgen aus sofort vergessenen Träumen erwacht, scheint ihr klar, daß die Tat nur aus Enttäuschung darüber geschehen ist, daß sich weder Geld noch Wertgegenstände vorfanden: Die Rache eines Einbrechers, das wird es gewesen sein! Schon will sie zufrieden in den Schlaf zurücksinken, da entsteht die Frage, wieso sich sonst keinerlei Spuren eines Einbruches gezeigt haben. Oder hat sie etwas übersehen? Sie schaltet alle Lampen in den Räumen an; bis zum Sonnenaufgang vergehen noch Stunden, und beginnt systematisch nach Spuren zu fahnden und hört damit auf, als sich kein Ergebnis zeigt.

Sie bemüht sich, erschöpft von der Anstrengung, noch einmal einzuschlafen, fährt aber sofort schreiend im Bett auf und erhebt sich wie zerschlagen. Auf diese Weise vergehen die Tage und Nächte. Sie wagt sich nicht aus dem Hause, überwindet sich doch, muß es ja auch, glaubt jedoch auf der Straße in jedem Passanten, der ihr zufällig folgt, den zu sehen, von dem sie sich keine Vorstellung machen kann. Ein paarmal ist sie versucht, fremde Menschen um Hilfe anzusprechen, wobei sie immer wieder davor zurückscheut, eben weil man sie gleich abführen würde, oder, noch schlimmer, weil der Angesprochene an der Verschwörung gegen sie beteiligt sein könnte. Die Unruhe läßt sie bald umkehren, der Gedanke, ob und was in diesem Augenblick in ihrer Wohnung vorgehe: Vielleicht schleicht sich gerade in dieser Sekunde eben *jener* ein, dem sie nie begegnen möchte. Als zusätzliche Sicherung verriegelt sie das Schlafzimmer von innen, erkennt aber sofort, daß sie nun überhaupt nicht merken würde, falls jemand in die Wohnung eindränge. Und das unaufhörlich wiederholte Hinauslugen durchs Schlüsselloch in die Diele, wo sie das Licht brennen ließ, erhöht nur ihre Nervosität. Ihre Hoffnung, ihre Angst würde nach einiger Zeit abklingen, erfüllt sich nicht. Die Erwartung des nahen oder nahenden Unheils bleibt bestehen. Ihre Erfahrung jedenfalls hält sie für außergewöhnlich und ahnt, daß sie sie möglicherweise nicht überleben wird.

Man verliert sie eines Tages ganz aus den Augen und wundert sich nicht, wenn man sie nie mehr wiedertrifft.

Heute

ZUVIELE TAGE WIE heute. Ereignislos, das scheint schon selbstverständlich, denn was sollte sich ereignen, wo die Staatsräson mit der Friedhofsordnung identisch ist. Aber das allein ist es nicht, was sein Netz über uns breitet. Auch diesseits der Historie, dieses vorbeirasenden Zuges, auf den hin und wieder einer von uns aufspringt, fort für immer, geschieht nichts mehr, kann nichts geschehen. Wir haben den Rahmen anerkannt. Die neuen Konventionen sind wieder barbarischer, jeder Verstoß wird geahndet und keineswegs bloß durch ein moralisches Urteil, sondern durch soziale Folter, sozialen Tod. Der geringsten Bewegung der Person, diktiert von Leidenschaft, begegnet die volle Gewalt des Systems. Liebe? Gestehe: Welcher Art? Zu wem? Zu welchem Zweck? Nur zu Doppelgängern steht sie frei.

Bücher willst du lesen? Welche? Warum? Und die Passion für die Kunst, ob aktiv schaffend oder passiv, etwa als Sammler von Werken, wird nicht geduldet, wie alles, was das Individuum kräftigt, was zu Mut und Sprache befähigt. Wieder ist wahr geworden, daß das, was nicht zu widerlegen wäre, von vornherein unterdrückt werden muß, notfalls auf irgendeine Weise erschlagen.

Mitten in der trostlosen Realität eines heutigen Tages, er wie jeder gewesene und künftige, erfahre ich aus der Stummheit zufälliger Begegnungen, aus verzweifelt beiläufigen Bemerkungen das sinkende Interesse am Leben, und daß von allen großen Zielen nur eines verwirklicht wurde und auch dies noch als Negativ: die Gleichheit. Weil sie ihre Teilhaber zwangsweise auf der Basis gründlicher Hoffnungslosigkeit versammelt. Als spreche man zu keinem anderen, nur mit sich selbst: Monolog aller Tage, derer ziemlich sicher Abend ist.

Daher, sobald von Veränderungen gesprochen wird, jenes wissende Lächeln, das öffentliche Erkennungszeichen von Bewohnern meiner Gegenwart.

Naturzustand

Alle wissen es, weil sie es täglich hören und sehen: Wenn man, woran man todsicher rascher stirbt, raucht und säuft und frißt, um Wohlbehagen zu empfinden, so muß wohl Unbehagen der naturgegebene und gesündere

Zustand sein. Das lehrt uns, vor unserem Mißgelauntsein, unserer Betrübnis, dem Unglücksempfinden nicht zu fliehen. Trauer oder auch nur Traurigkeit erhält der Physis ihre Spannkraft, und statt den obskuren Dauerlauf an Großstadtstraßenrändern, dabei Kohlendioxyd tief inhalierend, oder sonstige kollektive Gymnastik, sollten wir uns diese Lehre zu Herzen nehmen: solange es dessen noch fähig ist – real und allegorisch.

Stillstand

HALB FÜNF UND stets aufs neue halb fünf: Die Nachmittage schieben sich ineinander, verkuppelt vom Nebel dämmriger Wintertage. Wo ist die Morgenstunde geblieben, der Abend, die Nacht? Wo wir selber inmitten des Dunstes, der unsere Konturen vor uns selber verheimlicht, so daß man, um sich noch zu erfahren, zum Rückzug aufs innerste Zentrum genötigt ist: Auf jene kleine Sammlung vertrockneter Erinnerungen. Ein Herbarium, dem wir entnehmen können, wie unsere Gefühle einst aussahen, als sie blühten. Ehe es so halb fünf war wie jetzt immer.

Ausblick

DER BLICK IST scharf, der nichts wiedererkennt, dem alles und jedes fremd erscheint. Der – falls er zufällig, bevor man am Abend das Haus betritt, den angeleuchteten Teil des Mondes, die scheinbar planmäßig verstreuten Sterne trifft – nicht begreift, was er sieht. Dem sekundenlang die Ungeheuerlichkeit des Universums aufgeht, durch das er wirkungslos und rettungslos fährt, weniger als ein Photonenstrahl, nämlich gar nichts bedeutend, so wenig wie der Kopf, dem der Blick entsprang: Darf er an sich zweifeln oder an dem, was er erblickt?

Die Hand an der Klinke zögert, der Schritt verhält, zwischen dem Kosmos und einem seiner Partikel ist der einzig denkbare Kontakt hergestellt, ein bodenloses Erstaunen, in welchem sich etwas seiner selbst bewußt werden will, was wir Gott zu nennen nicht mehr fähig sind.

Ausgeschlossen

Manchmal erscheint alles Seiende wundersam: Das Holz der alten Kommode so fremd und vertraut in Farbe und Maserung, als sei dieses Möbelstück gerade ins Zimmer getreten, eine zutrauliche Bekanntschaft aus sehr ferner Vergangenheit, wo wir sie noch ohne Bewußtsein wahrgenommen haben: Jetzt jedoch erkennen wir sie wieder. Und merkwürdig: Auch uns selber zugleich in jener zeitlichen Ferne.

Das geschieht nur an besonderen Tagen und in gewissen Augenblicken, die einem keiner ankündigt: Plötzlich scheinen die Dinge im Raum, obwohl um keinen Millimeter verändert, nicht dieselben wie noch eben, da sie als tote Gegenstände umherstanden, eine bedrückende, sinnlose Versammlung von Unbelebtem. Nun unter dem Blick leuchten die Polster auf, schwingen sich Armlehnen uns entgegen und die zipfelnde Tischdecke verrät das Vorhandensein einer geometrischen Grotte unter ihr, aus der wir eines Tages krochen, uns aufrichteten, um uns in einem Leben zu befinden, aus dem die Dinge sich zurückgezogen hatten. Aber ab und zu wirken sie rückkehrwillig. Und bereits diese erneute Annäherung zwischen ihnen und uns erzeugt die zweifelsfreie Erwartung des Wunders, unter dessen Vor-Schein die Welt wie nur für uns ganz allein gemacht ist und unser Abgetrenntsein gleich zu Ende. Doch das tritt nie ein. Und wir müssen uns zufriedengeben, an die eigene frühe Phase unserer nahtlosen Zugehörigkeit zu allem, was vorhanden ist, überhaupt erinnert zu werden, und zwar wie an ein verlorenes Glück.

Fernsehen

TRITT MAN AUS sich heraus und neben sich, also neben den, der da im Sessel sitzt und fernsieht, gerät man sogleich in ein mitleidiges Staunen: Die Gestalt, man selber, wirkt durchaus inferior.

Die von Banalitäten ohne Zögern in Bewegung gesetzte Mimik verrät alles: Der Mensch, auch du, auch ich, gehört zur Gattung der Hunde, und die Klingel, die den Speichel fließen läßt, ist bloß von anderer Art, aber der Mechanismus der Reaktionen unterscheidet sich von dem seiner vierbeinigen Freunde wenig.

Nicht nur, daß auf meinem Gesicht (und in meiner Seele) der abscheulichste Blödsinn seine unreflektierte Widerspiegelung findet, schlimmer noch scheint mir, daß ich, du, er, sie, es, hingegeben glotzend und doch zugleich nichtssehend – daß wir außer uns sind, das Ich dem gewölbten Glasquadrat übereignet haben und dabei düpiert werden, ohne es zu merken. Meine emotionale Zuwendung gilt, recht besehen, einer Maschine, die mir vortäuscht, das Glück da oder die Tragik wäre tatsächlich mit dem Moment ihrer Sichtbarwerdung identisch.

Selbst bei Berichten aus der globalen Realität erscheint diese vor uns in einem schon vergangenem Stadium: es fehlt das Wissen, daß das, dem der zuschauende Doppelgänger seine Erregung sowohl verdankt wie widmet, Vergangenheit darstellt, wohingegen sie selber, die Erregung, von überwältigender Aktualität ist. In den naiven Sachbüchern der zwanziger Jahre, die sogar in ihren Untertiteln ihre Didaktik priesen, kehrte, wohl weil eben Allgemeingut geworden, die fantasieanregende Erklärung der Lichtgeschwindigkeit immer wieder: Falls, so hieß es da, unsere Gemüter fesselnd, der Lichtstrahl von einem fernen Planeten der Milchstraße zu einem optischen Bild gemacht werden könnte, wir, obwohl sie längst nicht mehr existierten, vielleicht seltsame Wesen erblicken würden, die vor Tausenden von Jahren gelebt, und deren visueller Abdruck uns durch die gewaltige Entfernung ihre Gegenwärtigkeit vermittelte, die aber gar nicht mehr gegeben sei. Dieser Effekt findet jeden Abend vor unzählbaren Augen statt. Da zeigt sich eine Verschiebung zwischen Aktion und Reaktion, die letztlich den Reaktionen etwas von ihrer Berechtigung nimmt, ja, sie geradezu komisch erscheinen läßt: Vergossene Milch ruft meine Tränen hervor, wie ich erkenne, während sie eigentlich bei dem Anblick fließen sollten, den zu sehen mir unmöglich ist, und daß das Nachher sie nicht verlangen darf, ohne mich – zumindest graduell – zum Narren zu machen oder zu halten.

Die Illusion des Beteiligtseins, welche tatsächlich innere Beteiligung erzwingt, hat eine derart kräftezehrende Stärke, daß für die wirkliche Wirklichkeit kaum genügend übrigbleibt.

Wissen

DER GRAD UNSERER Selbstkenntnis entspricht dem Grad unserer Menschenkenntnis. Und weil es mit ersterer nicht weit her ist, liegt die letztere recht im argen. Der Verdrängungsmechanismus, ein wahres Perpetuum mobile, arbeitet unaufhörlich, und was wir über uns in Erfahrung bringen, geschieht eigentlich gegen ihn: Nur als subversive Kassiber erreichen uns Wahrheiten über uns selbst, als Schockerlebnisse, in denen unsere Ängste und Lüste, unsere Verworfenheiten, pathologischen Triebe und vorherrschenden Schwächen kenntlich werden. Aber unser unbekanntes Ich, das sich in uns dermaßen geschickt verbirgt, daß man es selten zu fassen kriegt, gestattet nicht, aus den Einsichten entscheidende Konsequenzen zu ziehen. Denn ehe wir sie noch zu verarbeiten imstande sind, hat *unser inneres* Duplikat sie bereits abgeschwächt, verändert, entschärft und so interpretiert, daß wir uns eigentlich nicht mehr betroffen zu fühlen brauchen, sondern über sie lächeln können. Mindere menschliche Schwächen, wie sie jedem eigen sind. So werden sie gar umgefälscht in die positive Eigenschaft gattungsspezifischer Brüderlichkeit.

Erst wenn wir, statt uns derart betrügen zu lassen, daran festhalten, daß wir ganz unentschuldbar feige sind, sogar vor uns selber uns ängstigen, nicht nur vor Mächtigen, vor denen wir ohnehin kuschen; daß wir nichts so sehr fürchten wie die Wahrheit über uns selbst – erst dann wissen wir im Umgang mit anderen mehr über sie. Selbstüberwindung und Selbstkapitulation erweisen sich als Plus- und Minuspol, zwischen denen ständig Spannung besteht. Und einzig sie ist es, die Impulse an uns abgibt, uns zappeln läßt wie die Froschschenkel im historischen Experiment Galvanis.

Unsere Menschenkenntnis hängt aber nicht nur von unserer Selbstkenntnis ab, wie eingangs apodiktisch behauptet, sondern auch von unseren eigenen Eigenschaften, Manien und Deformationen, weil diese, sobald eine vorherrscht, zum einzigen Instrument der Kenntnisnahme ausartet. Dies gilt psychologisch wie rational: Die Vielfalt schrumpft auf einen Wesenszug zusammen – wie etwa in der Sicht des Baron Charlus in Prousts Roman die Gesellschaft nur noch aus Homosexuellen und Heterosexuellen besteht, welch letztere aber ihre Normalität bloß vortäuschen und im Grunde ebenfalls zur allumfassenden Partei des Betrachters gehören, der von sich selber nur seine Passion kennt – diese aber ganz genau.

Wagnis

WARUM WEINEN WIR nur im Schlaf? Warum gelingt es uns nicht mehr in der alltäglichen Wirklichkeit, die Anlässe genug bereithält. Wenigstens aus Selbstmitleid sollte es möglich sein, das zieht noch am stärksten in den Tränendrüsen, in den wie säuerlich werdenden Mundwinkeln, im Zucken der Unterlippe. Doch bevor der Durchbruch erreicht wird, tritt Hemmung ein: Das Sekret, eben noch bereit über den unteren Lidrand zu rinnen, erhält keinen weiteren Zufluß und verteilt sich unversehens wieder in seine Lagerstätten, so daß nichts fließt, obgleich wir es eben noch hofften. Diese Reinigung, für die Tränen das einzig mögliche Waschwasser bilden, ist nicht zustande gekommen. Die Erleichterung, Ergebnis innerer

Erschütterung, bleibt aus. Man weint eben nicht mehr, weil man nicht mehr weint. Insgeheim wünscht man es sich, bittet darum und schämt sich trotzdessen und verschiebt sein besseres Wünschen und Wollen in die Stunden, da das Bewußtsein, unser strenger Zuchtmeister, seinen Wachtposten verlassen hat und abwesend ist. Was für ein monströses Implantat muß das sein, daß es uns zwingt, unseren menschlicheren Eigenschaften nur um den Preis selbstblinder Heimlichkeit frönen zu können.

Mitmenschen

EINER STÖHNT LAUT auf und greift sich an die Brust, ein anderer humpelt ins Bad und bricht ins Toilettenbecken. Jener schluckt eine Handvoll Tabletten, dieser tritt mit einer Tüte verstört aus der Apotheke. Ächzen und Seufzen, Todesangst und Sterbensgewißheit, aber keiner stirbt wirklich, bevor er nicht wirklich stirbt, und wenn wir ihn treffen, ist er ganz heiter oder zumindest in normaler Verfassung: Von den Anfällen, von ihren körperlichen Zuständen erfahren wir nichts, sie geschehen irgendwo und werden am nächsten Vormittag durch ein Lächeln widerlegt. Uns umgibt eine Atmosphäre völliger Gesundheit, die es ganz unglaubhaft macht, daß jemand, den wir doch gut kennen, nicht wiederauftauchen sollte, weil er bereits begraben ist. Die allgemeine Verfassung läßt solche Vorstellungen gar nicht zu, und so meinen wir vielmehr, jener nicht wiederkehrende Jemand müsse einem Unfall erlegen sein. Unfälle sind das tägliche Brot, das uns an allen Ecken und noch abends daheim gereicht wird, und ein Verschwinden aus einer »Unfallursache« ist durchaus akzeptabel – nur nicht durch Leiden und Siechtum, durch Hinlegen und Nichtmehraufstehen, da ein derartiges Verhalten auf etwas verweist, was wir nicht zu begreifen vermögen. Was uns unheimlich berührt, unzeitgemäß, kulturlos.

Wer an einer Krankheit stirbt, möchte man meinen, ist offenkundig einem Irrtum erlegen.

Schmerz

Schmerz zufügen, den nichtkörperlichen, kann man sich selber nur durch den andern. Als sei der dazu da, wenigstens zeitweise, die Selbstaggression wie ein Echo wiederzugeben. Schlimme Worte, die, wenn wir sie uns selber zurufen, nichtig bleiben, sollen jenen treffen, damit er sie zurückwirft. Und die Kränkungen und Beleidigungen, die wir ihm zufügen, sind indirekt noch erniedrigender als ihre platte Wörtlichkeit vermuten läßt, weil sie gar nicht auf das Gegenüber zielten, sondern ihn nur egoistisch benutzten, dem eigenen Schmerzverlangen, dem Zerstörungswillen zu dienen, von dem Männer und Frauen manchmal inmitten ihrer Partnerschaft wie von gefährlichen Infektionen vernichtend ergriffen werden.

Das Geheimnis des Autofahrens

Weder im Geschwindigkeitsrausch noch in der merkwürdig metaphysischen Potenzierung körperlicher Kräfte durch Einbezug der PS ins eigene Empfinden besteht die geheime Bindung des Autofahrers an sein

Vehikel, sondern im Dispens von sich selber. Keine andere Tätigkeit, von der wir stets konkrete Ergebnisse erwarten, gleicht dieser, die mittels höchster Konzentration nichts zustande bringt als Fortbewegung. Alle Sinne bindet die Maschine an sich, die Straße und ihr Zustand, Witterung und Leitzeichen, Mitbeteiligte am Verkehr und auch Unbeteiligte: Die Aufmerksamkeit ist völlig absorbiert, so daß während des Fahrens alles Persönliche, Pläne wie Sorgen, gewesene wie künftige Biographie außer Kraft gesetzt sind. Zum Bestandteil des Fahrzeuges verwandelt, hat der Fahrer das Bewußtsein seinerselbst eingebüßt und ist aufs Mechanische reduziert, derart verändert, daß ihm die Zeit der Wegstrecke, obschon vergeudet, nicht als verloren erscheint, ja, fast als eine erfüllte. Die stundenlange Starre, vergleichbar nur noch der Katatonie, ohne Blick für die umgebende Natur, für den Bau der Welt, für Selbstbesinnung und Eingedenken, ist genau der Zustand, nach dem verlangt, wen die Lebenslast beschwert, und der ihr beim Fahren entkommen zu sein meint.

Zauberworte

Jeder kennt seines, wenigstens eines, meist jedoch mehrere, die aus dem Erinnern ihm zugekommen sind. Oft Bezeichnung von Orten, geben sie dem Empfinden einstiger glücklicher Abwesenheit vom Dienst am trostlosen Alltag, vom entfremdeten Dasein den magischen Namen, der die dazugehörige, stets parate Anschaulichkeit wieder und wieder hervorzurufen vermag. Solch Zauberwort, das die Erscheinung sowohl bindet wie bannt, verwandelt nichts, legt nur vor das Bewußtsein den Schleier, durch dessen Silben der vergangene Moment unvergänglich erscheint und als neu bevorstehend erlebt, als künftig, und alles dazwischenliegende leere Leid wie die notwendige Gerade zwischen zwei Punkten, wie der Preis, ohne den das Wort nicht zu haben war.

Das Netz

DASS MAN MENSCHEN im Verlauf des Daseins möglicherweise nur einmal sieht, höchstens wenige Male und auch das bloß einige kurze Stunden und trotzdem mit ihnen lebt, ihnen verbunden bleibt, gehört zum Geheimnis des Lebens. Dabei muß es sich keineswegs um besonders Nahestehende handeln, Verwandte, Freunde, »Kampfgenossen« oder solche, die einem durch einen positiven oder negativen Affekt ins Bewußtsein eingesenkt sind. Etwas Unerklärliches spielt die Hauptrolle bei solcher Fernbeziehung, für das es keine verstandesgemäßen Gründe gibt.

So ist mir beispielsweise der Maler Klapper innerlich nahe, obwohl ich ihn im Verlaufe von über zehn Jahren nur ein einziges Mal gesehen und gesprochen habe. Trotzdem taucht er häufig in meinen beiläufigen Gedanken auf, seine Frau, seine Bilder, seine beiden Hunde, jedem zugeneigt, der ihnen freundlich begegnet; sein Haus in der Provence beim alten Römerort Carpentras, noch an der Basis unmerklich ansteigender Hügel, den Blick auf den Mont Ventou, auf den Petrarca stieg.

Warum erinnere ich mich so oft daran, öfter jedenfalls als es normal wäre? Vor allem stehe ich immer wieder vor der niemals verschlossenen Pforte, jeder leichte Druck öffnet sie, schon springen die Hunde heraus, ein Begrüßungskomitee, spielerisch und sehnsüchtig nach Berührung; dahinter Pflanzenwirrwarr, grün und dicht, Sonnenwärme hat sich in einer Mauerecke gefangen, immer wieder, und immer wieder Gespräche über die Welt, die nur hier, an dieser, ein paar hundert Quadratmeter umfassenden Stelle so ist wie sie sein sollte. Unsere historischen Vorläufer sind bei uns: Senatoren des Imperiums, Gelehrte und Dichter der Urbs aeterna, die sich, gesättigt und ermüdet vom Getriebe des Zentrums, in diese ferne Provinz zurückzogen, ihren Wein anzubauen. Vielleicht darum das Eingedenken. Und wie der Maler Klapper mir dient, ein nie zu verwirklichendes Ideal aufrecht zu erhalten, jene Ausgewogenheit von Tätigsein und Müßiggehen, von Ablehnung und Einverständnis, so leiste ich für andere vielleicht das gleiche.

Das Netz menschlicher Relationen ist zart gewoben und derart weitmaschig, so daß man sich wundert, wie man überhaupt davon gehalten werden kann – was ja offenkundig der Fall ist, denn sonst wären wir schon in der Tiefe verschwunden.

Neurose

WAS NIE GELINGEN will: Die inneren Schrecknisse zu bannen, Bilder selbstzerstörerischen Erinnerns, die Sperre zu zerbrechen und nach außen dringen zu lassen, auf dem Papier dingfest zu machen, womit man geschlagen ist.

Wer doch die Kraft zu solcher Freisetzung aller Abscheulichkeiten fände, der wäre ihrer ledig, so daß sie die Macht über ihn verloren hätten. Es gibt Menschen, die es schaffen; die ihre sie schmerzenden Geheimnisse von sich werfen, flüsternd oder schreiend, schriftlich oder bildnerisch. Wem es auf diese Weise nicht gelingt, der muß sich hüten, es auf eine andere zu versuchen, die ihn erst zum Gespött und dann zum Gefangenen machte.

Erfahrungen

Persönliche Erfahrungen in historischen Dimensionen vermögen oft, zumeist sogar, uns auf Dauer nicht zu beeindrucken. Oder wir versenken solche Erfahrungen in unseren tiefsten Schichten, um ihrer Unmittelbarkeit ledig zu sein. Wir wollen nicht wissen, was wir wissen. Freilich wirken sie aus ihrem Versteck heraus stärker auf uns ein als vordem, als wenn wir sie ständig im Bewußtsein parat hielten: als täglichen Maßstab, als permanente Warnung, als Indikator, der bei Gefahr aufleuchtet. Dem entgegen erfahren wir aus dem absolut Unerheblichen anderes, von dem jedoch eine tiefe und anhaltende Beunruhigung ausgeht, die wir uns nie recht zu erklären verstehen. Ein winziges Stückchen abgeschnittener Haut vom Nagelbett, die einem nach Tagen, vielleicht bloß nach Stunden, zufällig wieder in die Finger gerät, hat für unseren Tastsinn alle Lebendigkeit verloren. Hart geworden, brüchig, fühlt sie sich fremd an, als sei's kein Stück von dir. Etwas Abgestorbenes, Zurückgebliebenes, das du warst und nicht mehr bist: So würde sich der Tod anfassen, könntest du ihn noch berühren, wenn es soweit ist: Wie gänzlich unbekanntes Material.

Warum aber alles von dir Abgetrennte, Haut und Haar, Zähne und Nägel, sogleich diesem Prozeß anheimfällt, gehört zu den Rätseln, deren Unauflöslichkeit lebensnotwendig ist. Schutzmechanismus zeitweilig und auf besondere Weise belebte Materie, die sich um ihrer selbst willen gegen solche Selbsterfahrung unbewußt sträubt.

Altern

DAS ALTERN NAHT nicht mit dem Gefühl des Älterwerdens oder des Altgewordenseins, sondern mit dem Nachlassen körperlicher Funktionen. Beim Abstieg auf der Treppe ist, man weiß nicht warum und stellt es nur erstaunt fest, der Schritt plötzlich fahriger, der Griff zum Geländer selbstverständlicher. Eine Unsicherheit steckt in der ganzen Gestalt, die man ist und zu kennen meint. Ein Irrtum, man wird es noch erleben, da sie gegen Wunsch und Willen ein Eigenleben führt, Haare läßt, Zähne verliert, kurzsichtig wird, Falten bekommt, ohne dabei ihres Eigners Selbstempfinden hinter diesen scheinbar nur äußerlichen Vorgängen zu beeinflussen. Der Siebzigjährige fühlt sich häufig genug als Siebzehnjähriger, und dieser Diskrepanz, diesem für ihn uneinsehbaren Widerspruch entspringt sein Fehlverhalten. Man kann einfach nicht begreifen, daß man sich jung fühlt und zugleich alt ist. Ein Umstand, der nirgendwo und nirgendwann erlernbar wird, auf den man sich nie einstellen kann und der dazu führen mag, daß man die Umwelt falsch einzuschätzen beginnt und ihr zum Gespött wird.

Vieles innerhalb von Gesellschaften, insbesondere in den autoritär von Greisen regierten, leitet sich aus dem Bruch zwischen Physis und Psyche ab, der nicht zu überwinden ist, doch selbstkritisch einsehbar sein sollte, aber ein selbstkritischer und seiner selbst kundiger Politiker ist die bekannte contradictio in adjecto.

Beobachten

DARIN STECKT EINE Lust, herkünftig aus dem Gefühl der Heimlichkeit: Zu sehen und selber nicht gesehen zu werden. Etwa von einer dunklen Straße aus in ein beleuchtetes Zimmer blicken, falls die Gardine locker gewebt, der Vorhang nicht zugezogen ist. Der Reglosigkeit angespannt versammelter Möbel entströmt unverwechselbar die Atmosphäre eines Stückanfanges, eine erwartungsvolle Stimmung, die sich dem verstohlenen Betrachter sofort mitteilt. Tritt nun noch eine Person in das Zimmer oder gar mehrere, erhält der Moment etwas unverhofft Dramatisches. Was wird jetzt geschehen? Was werden sie tun?

Obgleich Enttäuschung unvermeidbar, da sich weniger als nichts ereignet, bleibt die Spannung des ersten Blickes trotzdem bestehen. Denn das Drama ist in allen nichtigen Vollzügen, dem Hinsetzen, Aufstehen, Zeitungsblättern, Stuhlrücken, Schranköffnen latent enthalten und kann jede Sekunde seine Überraschungen entfalten. Ein Mord, eine Ehetragödie, jedenfalls das Besondere muß es sein, das sich in den rätselhaften Gesten der Beobachteten vorbereitet – wann endlich bricht es herein? Vermutlich sobald der Beobachter, ermüdet vom langen Stehen und Sehen, von dringlichen Angelegenheiten fortgezogen, sich abwendet und die ersten Schritte vom hellen Fenster weg getan hat: just dann.

Einmal sah ich aus meinem Arbeitszimmer, zufällig

und weil die Deckenlampe ausgeschaltet war, in ein Zimmer jenseits der abendlichen Straße, wo, etwas tiefer gelegen als meines, keine Gardine den Einblick hinderte, und ich gerade zurechtkam, als eine nackte Frau über die Nachttischleuchte ein rotes, durchscheinendes Tuch zog, Chiffon wahrscheinlich, und damit das Schlafzimmer ihrer Vorstellung entsprechend verwandelte. Der Zweck wurde sogleich klar, da sie die Bettdecke zurückschob und neben sich einen Mann entblößte, der, gleich ihr, nichts am Körper trug. Sie rutschte auf der Bettkante tiefer und stützte sich auf ihren Ellenbogen, als ihr Kopf in Höhe seines Unterleibes angelangt war. Sodann richtete sie mit der anderen Hand sein Glied auf, das ihr Gesicht erreicht hatte, und schob ihren Mund darüber, erst langsam, dann schneller, ein mechanischer Vorgang, der einem die Halsschlagader spürbar pulsieren ließ und das Sensorium nahe dem Sonnengeflecht zusammenzog, während der Blick auf die Szene, zu der der Abstand sich zu verringern schien, starr ausgerichtet blieb. So stand die Zeit still. Oder verharrte auf der Stelle, jedenfalls verlief sie nicht mehr linear, sondern kreisförmig, wie in einem Traum, der ebenfalls nur die Unaufhörlichkeit des gegenwärtigen Momentes kennt, kein davor und kein danach. Dazu paßte, daß das animierte und animierende Bild abrupt ausgelöscht wurde dadurch, daß in meinem Hause, in der Wohnung unter mir, plötzlich Licht aufflammte und die Fassade gegenüber erhellte und den beiden da drüben die fehlende Gardine zu Bewußtsein brachte. Das weibliche Haupt mit dem aufgesteckten Haar hielt in seiner unmenschlich schlingenden Bewegung inne, der Männerarm hingegen hob sich hoch und knipste den romantischen Grottenschimmer aus. Selten genug entzündet sich

Lust an der Lust anderer, entsteht klassischer Voyeurismus. Meist schirmen die Paare sich von der Außenwelt ab. Aber auch in den vorgeblich nicht-sexuell bestimmten Fällen neugierigen Hinschauens in fremde Lebensvorgänge gründet jedes dabei merkbare Gefühl auf geheimer Wollust, nur ohne sich über seine Grundlage im klaren zu sein. Im heimlichen Beobachten anderer, die sich für unbemerkt halten, regt sich etwas wie Überlegenheit, von Überwältigung: Du bist mir in deiner ungeschützten Position ausgeliefert, ich unangreifbar: Ein Fühlen, vorgeschlechtlich und doch innerhalb dieser Zone angesiedelt, was den Beobachter angenehm ausfüllt, während er – ein humanes oder soziologisches Interesse an der Spezies sich selber vorheuchelnd – vor das nächste wehrlose Fenster tritt.

Unvollendete Dialoge

UNTER VIELEN BEUNRUHIGENDEN Erfahrungen auch diese: daß wir kein Gespräch zu Ende führen. Zu Ende meint hier soviel wie: bis zu einem Punkt, nach dem die Redenden geistiges Neuland beträten und alles vorher Geäußerte sich nur als dazu vorbereitend erwiese. Aber schon allein diese Grenze scheint unerreichbar, jedenfalls in der Unterhaltung mehrerer Menschen miteinander. Manchmal entsteht der Anschein, als nähere sich einer tastend und über verschiedene ungewohnte Vorstellungen hinweg dem Niemandsland, um vorher doch wieder vom eigenen Formulierungstalent eingefangen zu werden oder sich erneut dem Rahmen zu fügen, den die Partner sprachlich vorgeben. Ins Bildliche übersetzt: Es entsteht eine Bewegung, deren Zielrichtung unbestimmt ist, plötzlich aber am Horizont etwas zeigt, wo man festen Fuß fassen könnte, und von dem man vielleicht durch Unachtsamkeit, vielleicht durch Umstände, die in einem selber begründet sind, wieder abtreibt. Selbst nach dem freundschaftlichsten Beieinander bleibt daher immer ein Rest von Unbefriedigtsein, eine Ahnung, es sei trotz aller Aufrichtigkeit nicht alles gesagt worden, als habe es letztlich doch an etwas Wesentlichem gemangelt. Als stummer Mahner sitzt in solcher Runde stets Max Frischs Gantenbein, der, eben vom besagten Effekt außer Fassung gebracht, Verdacht schöpft, möglicherweise verhindere gerade seine Anwesenheit den substantielleren Gedankenaustausch – und der darum insgeheim ein Magnetophongerät installiert, überzeugt, während seines zeitweiligen Fortseins komme das Eigentliche zur Sprache. Welche Enttäuschung nach Abhören des Bandes, weil die Reden munter fortgeflossen sind, ohne jene erwartete Tiefe zu enthalten. Für Gantenbein hat sich damit die Frage erledigt, für uns jedoch, die wir einander oft und gerne begegnen und gewiß nicht, um zusammen zu schweigen, besteht es weiter fort.

Ja, sogar noch vor ihr, indem wir sie bedenken, erhebt sich, und mit ihr kausal verbunden, unerwartet eine prinzipiellere: Ob nämlich überhaupt Dialoge bis zum Ende und über das Ende hinaus zu tatsächlichen Anfängen möglich seien, oder ob es sich bei unserem anhaltenden, gegenseitigen Zuspruch nicht bloß darum handele, uns unsere Zusammengehörigkeit zu bestätigen – etwa so wie unsere Gattungsvettern in ihren Käfigen einander durch die Felle streichen, wobei sie auch nur die bekannten Flöhe erwischen statt unerwartete Einsichten.

Tierhaltung

(für Michael Krüger)

DASS WIR TIERE ihrer Possierlichkeit wegen mögen oder weil sie putzige Sprünge machen, unser Haus bewachen, auf Anruf zu uns kommen, das ist sicher irrig. Wir lieben unsere ungleichen Hausgenossen, weil sie uns vertrauen. So ohne Vorbehalt, so ohne Arg, wie sie sich in unseren Arm betten oder uns zu Füßen, keines wegscheuchenden Trittes gewärtig, das rührt uns an. Wir, in unserem eingefleischten Mißtrauen, könnten derart voraussetzungslos, ja, blind nahezu, uns zu keinem andern verhalten, der von unserer Gattung ist. Darum lieben wir in den Tieren nicht, was uns gleich ist oder was sie sind, sondern was wir waren und vor Urzeiten verloren, was wir auch nie zurückerlangen werden, obwohl all unsere mörderischen und selbstmörderischen Anstrengungen gerade auf dieses Ziel gerichtet sind.

Stimmen

VON DEM, WAS einem gesagt wird, was man mehr oder weniger aufmerksam vernimmt, bleibt nur ein Bruchteil erhalten. Oft genug sind es nur Banalitäten, bedeutungsvoll allein durch die Umstände, in denen sie ausgesprochen wurden, weil sie an diese erinnern. Ob von solchen Sätzen oder Worten etwas in den Über-Ich-Fundus eingeht, ist selten sicher zu entscheiden, aber anzunehmen: es hätte sich nicht eingeprägt, wäre nicht der Moment des Aussprechens selber wichtig gewesen, im Sinne einer Modellsituation, so daß wir ihn durch Affektion in uns eingekapselt haben. Unvergeßlich etwa, wie ich als vielleicht Neun- oder Zehnjähriger in der Schulklasse für fünf Mark (in solchen Fällen bezieht das Gedächtnis auch die Präliminarien des besagten Augenblickes mit ein) von einem Mitschüler ein französisches Aktmagazin erwarb, vermutlich ein Beutestück des Vaters, heimgebracht wie so vieles nach der Besetzung Frankreichs, und wie meine Mutter dieses vierfach und damit gewaltsam gefaltete Heft nach einigen Tagen bei mir entdeckte. Die Knickstellen gehörten seit langem dazu, waren schon brüchig und überzogen die Bilder wie die Schrift, die ich nicht verstand, aber rasend gern gelesen hätte, mit einem auslöschenden Gitter. »Findest du das etwa schön?!« hieß der wie mit Meißeln in Granit geprägte Satz, der sich unweigerlich auf jene Mädchen bezog, die entweder vor einer winterlichen Bergkulisse nackt auf Skiern posierten oder auf Felsen und meerumschlungen harmlos und meine Fantasie überwältigend dalagen. Was ich geantwortet habe, ist mir entfallen. So entfallen einem die Erwiderungen, Argumente, Behauptungen, Versicherungen und Lügen auch späterhin und eigentlich immer. Die der anderen aber werden einem eingedrückt, als bestünde man tatsächlich aus frischem Lehm oder Ton, den einem alle Schöpfungsmythologien als Urstoff zuschreiben. In der aufschießenden Hitze unserer Verlegenheit, unserer Aufregung brennt sich die Schrift ein, um, solchermaßen fixiert, unserer persönlichen Archäologie jederzeit verfügbar zu sein.

Und wenn schon nichts sonst unserem Dasein Sinn gibt, so wenigstens die Notwendigkeit, daß wir als Mitmenschen beiläufige Bemerkungen aufbewahren, etwas ganz Persönliches dem Erinnern zuschlagen, wenigstens für eine gewisse Dauer. Es soll aber nicht geleugnet sein, daß, nach dem Prinzip der Wahrscheinlichkeitsrechnung, unter unzähligen Abermillionen nichtiger, zeitweise unvergänglicher Aussagen auch einige solche sich befinden dürften, die den Code zum Sinn des Ganzen, etwa des Lebens, enthalten. Vergleichbar dem Universum, seiner Fülle gleichartiger Erscheinungen: unter den nicht einmal schätzbaren Ansammlungen von Galaxien und Planetensystemen müssen oder müßten doch bewohnte sich befinden wie im Kosmos alles Erinnerbaren unwiderleglich entscheidende Hinweise.

Kausalbegehren

Es beherrscht alle, keinen ausgeschlossen, und fordert immer eine einzige grundsätzliche Antwort auf Fragenkomplexe und gerät in kopfscheue Verwirrung vor der Vielzahl möglicher Erklärungen. Aus alternativem Denken stammend, kann es nicht fassen, daß irgendeiner Erscheinung mehrere, unterschiedliche Begründungen gerecht werden können. Es will dringlich gestillt werden und zur Ruhe gebracht, ohne zu ahnen, daß dies Tod bedeutet: den jeder Neugier, jedes Wissensdranges, jeder Wahrheitssuche. Darum verzweifelt es am Nichtstillstand, an den unerwarteten Sprüngen allen Werdens und Seins und flüchtet zu Ideologien und Wissenschaften, von denen es sich ein Ende seiner peinigenden Unsicherheit verspricht. Kommt nicht der globale Erfolg des Marxismus unter anderem auch daher, daß er scheinbar ein für allemal das Kausalbegehren befriedigt, und wenn schon nicht die Welt, so doch die Gesellschaft und alle vorhergehenden auf eine Formel bringt? Und: Ist er nicht insgeheim diesem Kausalbegehren entsprungen?

So wie die Heisenbergsche Suche nach der Weltformel eine Jagd nach dem Schatten ist und bleibt, so sicher ist das dahinter rege Kausalbegehren zwangshaft.

Wenn und wo es manisch wird, verführt es sogar zur rückwirkenden Manipulation jener Ursachen, von denen die gegenwärtigen Ergebnisse und Umstände herzurühren scheinen – um eben diesen Schein glaubhaft zu machen! Insbesondere im Bereich der Historiographie, die stets Herrschaftsgeschichte ist, das heißt Legitimation augenblicklicher Herrschaft, waltet eine fragwürdige Logik, derzufolge die Gegenwart ein nahezu errechenbares Resultat vorangegangener Stadien ist. Als hätte aus aller Vergangenheit nichts anderes herauskommen können als das, was zur Zeit besteht.

Eher als dem verblaßten Pater noster gilt es, dem Kausalbegehren, diesem starken aber gestaltlosen Gott, abwehrend entgegenzubeten: ... Und führe uns nicht in Versuchung!

Kaputtes Speedometer

DURCH DIE RELATIVIERUNG einst dauerhafter Werte und Anschauungen ist, ohne daß es besonders aufgefallen wäre, auch das Richtmaß für unsere individuelle Lebenszeit verlorengegangen, so daß wir nicht mehr genau wissen, ob das Tempo unseres Lebens auch unserer Person entspricht. Nicht allein aus der obskuren gesellschaftlichen Situation, die einerseits Eile verlangt, schnelle Reaktionen, zeitintensive Tätigkeit, zugleich jedoch historisch stillsteht, in ihrem Progreß nicht vom Fleck kommen will und so ein Gefühl der Gespaltenheit und Zerrissenheit erzeugt – dieses Unwissen stammt vor allem daher, daß wir nicht mehr in der Lage sind, unseren physischen Rhythmus zu erkennen und noch weniger, falls wir doch dazu imstande wären, die äußeren Erfordernisse eben diesem Rhythmus anzupassen. Unsere biologische Motorik ist bis ins Mark gestört. Das einzusehen bedarf es nicht einmal der Schreckensmeldungen über die wachsende allgemeine Neurose, über Depression und Suizid, Alkoholkonsum und Tablettenmißbrauch.

Unfähig zum Wahrnehmen und Neueinschätzen von aktuellen Bezugssystemen, zu möglicher Gegenwehr, fragen wir uns, ob wir zu schnell leben oder zu langsam – was trotz des extremen Unterschiedes doch beide Male das gleiche bedeutet: Leben wir überhaupt »richtig«, nutzen wir unsere Tage wirklich so, wie es einer mehr oder weniger glaubhaften Vorstellung vom »erfüllten Dasein« nahe käme?

Die Unmöglichkeit, die Geschwindigkeit einer von uns abgelösten Zeit festzustellen, die wir aber selber sind, obschon sie wie ohne uns zu verlaufen scheint, ist beunruhigend. Denn immer ahnen wir, daß, wenn wir zu schnell leben, das Wesentliche, welches selber, um es zu er-leben, Verzicht auf Hast verlangt, von uns verpaßt wird. Und leben wir zu langsam, erreichen wir es auch nicht, da es immer schon weitergediehen ist, sobald wir die Hand danach ausstrecken. Wie im Märchen vom Hasen und Swinegel gelangt der Eilende nie ans Ziel, aber dafür hockt der Unbewegliche auf ewig am selben Platz. In der einen oder anderen Position befinden wir uns immer. In jeder fühlen wir uns gleichermaßen unwohl. Wer hastet, sehnt sich nach Ruhe, die er, erreicht er sie endlich, kaum mehr erträgt, während wer in zögernden, etwa ländlich bestimmten Zeiträumen zu Hause ist, nach großstädtischer Dynamik verlangt, in der er bald genug die Aufgabe seines früheren Lebenstempos als unwiederbringlichen Verlust empfinden wird. Unter derartigen Tempiwechseln leiden wir alle und damit unter der Pseudo-Erkenntnis von Versäumnissen, die wir, was für ihre Einbildung spricht, gar nicht zu definieren vermögen.

Vergeblichkeit

Teils wehmütig und teils verständnislos hängen wir an unseren gewesenen Gefühlen: Erste Liebe und Eifersucht, Emphase angesichts einer bisher unbekannten Landschaft, etwa des Meeres, Begeisterung im Zuge Gleichgesonnener, fröhlichkeitsdurchtränkte Erwartung persönlicher Zukunft – alles radikal vorbei, vorüber und vergangen. Der Szenen und Augenblicke, die unsere Empfindungen auslösten oder erst schufen, mag man sich deutlich erinnern, trotzdem bleiben sie wächsern. Wie Larven unserer selbst und anderer Beteiligter erscheint Vergangenes im Gedächtnis; möglich, daß wir noch die einstigen Worte hören, ihren schwachgewordenen Nachhall, doch entgegen unserem Wissen von ihrer Wichtigkeit und enormen Bedeutung für unsere Biographie, lassen sie uns eigenartig kühl.

Wir haben gelacht und geweint, vermutlich sogar mehr geweint, wenn auch unauffällig, und von den einstigen Tränen sind die eigenen zur Gänze, die der anderen fast getrocknet. Meist rühren sie uns kaum noch. Nur selten, da in uns ein entsprechender Moment plötzlich auferstehen will, reagiert unser Körper mit Hitze, Trauer und Mitleid, Schlaflosigkeit und Selbstqual, aber auch das ist nicht unser einstiges originales Fühlen. Es wiederholt sich nicht, so wenig, wie sich jede sonstige innere Bewegung wiederholt, obgleich wir uns, indem wir die Bilder zurückrufen, darum mühen. Doch der Ruf erstirbt vor der leeren Erscheinung, die nichts weiter vorführt als unsere gegenwärtige Fühllosigkeit, unter der wir leiden, weil wir sie für persönliches Versagen halten, nicht für ein natürliches Ausgelöschtsein komplexer chemisch-biologischer Verbindungen im Hirn, einmalige Mixtur, verbraucht und durch kein Rezept zu wiederholen. Glück wäre, könnten wir die raren Fristen vergangenen Glücklichseins beleben. Es müßten nicht einmal die Minuten starker Intensität sein, selbst erneuerte Sehnsucht oder sorgloses Hoffen, zwei wohlbekannte Phasen aus früheren Tagen, wären schon ein Gewinn, den uns, wir merken es, je länger wir dabei sind, jedoch im Spiel des Daseins keiner auszahlt.

Eine Figur und ihr Mißtrauen

ZUALLERLETZT HAT SIE sogar ihrem Mißtrauen mißtraut: War es immer gerechtfertigt gewesen, soweit es das Verstehen untereinander betraf? Ihre Beliebtheit im näheren und ferneren Bekanntenkreis begann sie für ein Mißverständnis zu halten, als ihr eines Tages, nachdem sie sich dahingehend geäußert hatte, einmal müsse Schluß sein mit der ganzen Politik, überraschende Zustimmung, fast Beifall erfuhr. Sie hatte es im Sinne eines Darüber hinaus gemeint, fürchtete aber, es sei als Aufforderung zur Abwendung begriffen worden.

Überhaupt merkte sie bald, daß die gleichen Meinungen gar nicht so gleich waren, die Übereinstimmungen, wie zu vermuten, nur scheinbar. Ihre kritische Äußerung über einen benachbarten Staat machten sie in den Augen anderer zu einem Gegner eben dieses Staates und reihten sie in eine Front ein, die sie zuerst gar nicht bemerkte: Nur der allgemeine Konsens fiel ihr auf, der Ton von Gemeinschaftlichkeit – Unbehagen stellte sich erst später ein, führte aber zu nichts. Sie gab sich Mühe, jede Ansicht mit nahezu wissenschaftlicher Exaktheit auszudrücken, mußte jedoch feststellen, daß selbst die angestrengte sprachliche Präzisierung nicht die erwartete Antwort beim Gesprächspartner hervorrief. Die Bedeutungen jener Worte, die die Figur verwandte, wichen offenkundig von denen ab, die andere den gleichen Worten zumaßen. So ging es Wort für Wort fort, Ketten von unterschiedlichen Bedeutungen, von denen man während des Redens umschlungen wurde, bis man sich nicht mehr befreien konnte, keine Möglichkeit einer Richtigstellung, denn auch diese unterlag ja demselben Gesetz. Daher mißtraute die Figur nicht nur den Dialogpartnern, sondern auch sich selbst, weil sie sich sagte, wenn die Verkennung die Norm sei, wäre sie selber davon nicht ausgeschlossen und würde folglich, was sie vernähme, auch keinesfalls ganz richtig interpretieren und einordnen. Nur mit der größten Skepsis konnte man darum mit jemanden sprechen und am besten nur das Einfachste: Guten Tag. Wie geht es? Das Wetter ist schön. Ja, danke, es regnet, mir auch.

Es kam ihr aber noch später so vor, als habe man sie vielleicht doch richtiger verstanden, als sie sich ausgedrückt hatte: Denkbar, daß man just aus ihren Worten das erschlossen, was sie unbewußt darin hatte zum Ausdruck bringen wollen, wovon sie eigentlich selber nichts ahnte. Also mißtraute sie ihrem Mißtrauen und redete wieder leicht und unbeschwert, wie sie es vordem getan hatte.

Beschreiben 1

EINE EINSICHT BEIM Schreiben: Jede Reproduktion von Empfindungen und Gedanken, meist in der ihnen gemäßen abstrakten, verallgemeinernden Weise, verdeutlicht nur mittels Metapher, durch Vergleich und Bezug, ist einfacher als das Beschreiben von Gegenständen, von optisch scheinbar eindeutigen Vorgängen, also der Dingwelt an sich. Ohne metaphysische Spekulation, doch vom Umstand seltsam berührt, lautet die Frage: Warum setzt das Objekt dem Wort größeren Widerstand entgegen als alles Immaterielle? Es ist wie eine Verweigerung: Als wolle sich die simpelste Sache der Darstellung durch Worte entziehen, ohne daß zu erkennen wäre, wieso und weshalb. Welche Mühen wendet man beispielsweise beim Beschreiben eines einfachen Tisches auf; Platte und Beine, Maserung und Politur, Holzart und Beizung, Abnutzungsmerkmale und Alterszeichen, Ausmaße, Stil und Preis. Und trotz der Zusammenstellung aller denkbaren Faktoren, unter dem Oberbegriff »Tisch« zusammengefaßt, ergäbe sich noch lange nicht eine Ansicht des Tisches, vor dem man sitzt und schreibt. Alle Erklärungen rufen beim Leser nur Bilder ihm bekannter Tische hervor, nicht aber das Aussehen dieses solitären. Wie da erst mit Häusern fertig werden, mit Städten, Landschaften – ein im Grunde hoffnungsloses Unternehmen, weil sogar die angestrebte und vielleicht erreichte Präzision nur ungefähre Eindrücke vermittelt, nie eine unzweifelhafte Wiedergabe der Sache selber.

Erinnert man sich aber jener Furcht zivilisationsferner Eingeborener vor dem Fotografiertwerden (von der Lewis Mumfort schreibt: »Der finster drohende Blick und die protestierende Geste, auf die ich stieß, als ich einmal aus gehöriger Distanz einen Eingeborenen Hawaiis fotografierte, erinnerten mich daran, wie tief verwurzelt die Angst vor der Abbildung ist«), entstehend durch die Überzeugung, bei dem Vorgang werde ihnen samt ihrem Aussehen heimlich die Seele entzogen, so drückt sich darin ein Bewußtseinsakt aus, auch wenn es sich um ein vielleicht irrationales Bewußtsein handelt. Was aber veranlaßt die Dinge, sich mit Geschick und grandioser Unauffälligkeit der Wortfixierung zu entziehen und uns bestenfalls ihren Schatten zurückzulassen, sobald wir mit unserer Sprache nach ihnen greifen, um sie »dingfest« zu machen? Vor unseren Sinnen präsentieren sie ohne Zurückhaltung ihre Gestalt, vor unserem Versuch, sie zu bezeichnen, um ihrer sicher zu sein, fliehen sie jedoch ins Wesenlose. Und lassen uns immer als Tantalus zurück.

Beschreiben II

Zu fragen ist, ob nicht die reine Gegenstandsbeschreibung der Wahrheit dessen, was überhaupt mit Worten ausgedrückt werden kann, am nächsten käme. Jedes Zusammengefügtsein von Material zu einem bestimmten Zweck enthält solche Fülle von Hinweisen, direkte und unleugbare Indizien wie ein Tatort hinterlassene Fingerabdrücke: lauter deutliche Spuren.

Und wer sich aufs Spurenlesen einläßt, wird ihnen vielleicht soviel entnehmen können wie der Indianer den Fluchtzeichen des Bisons, mit dem Unterschied freilich, daß dem das Wild genau bekannt ist, der Schreibende hingegen, sobald sein Gegenstand geschichtlich ist, nur eine ungefähre Vorstellung, vielleicht bloß eine ungenaue Ahnung von dem hat, was diese Spuren hinterließ. Und geschichtlich wird alles und jedes in kürzester Frist. Schon der gestrige Tag mit seinen lautlos gewordenen Szenerien zählt heute unweigerlich zur Historie; ihn stößt die Form des Plusquamperfekts in rettungslose Unbetretbarkeit: »war gewesen«.

Fasziniert, ohne zu wissen warum, betrachte ich alte Ansichtskarten, durchmustere vergilbte Zeitungen und Zeitschriften, lese ich in einem für meinen Beruf ungewöhnlichem Maße archäologische Werke, um doch immer wieder enttäuscht zu werden, weil ich mir sicher bin: So war das gewesene Leben nicht! Der vermittelte Rahmen liefert nur ein bloßes Ungefähr, aber wir wissen von unserer eigenen Person nur zu gut, daß die Quersumme niemals auf den Einzelnen zutrifft und alle einzelnen, die primären Teile des sekundären Ganzen, unberücksichtigt läßt. Ein einstiger Zeitgenosse würde sich, selbst in seinen zeitgenössischen Dokumenten, nicht wiederfinden. Sobald etwas Ungreifbares, Unbeschreibliches, nur atmosphärisch Spürbares verweht ist, bleibt die Epoche selber wie ein Stein zurück, und dieser Stein ist immer ein Grabmal. Dagegen der einzelne Gegenstand, umsorgt von sehnsüchtiger Nostalgie, von Sammlerleidenschaft bewahrt, besitzt als allerletzter »lebender« Zeuge die Evidenz der Vergangenheit. Darum meine ich, wenn ich den schon mitgenommenen, abgeschabten Schaukelstuhl beschreibe, das Gitterwerk seiner Konstruktion, seine Federung, die Glätte des erst polierten, dann abgegriffenen Holzes, die Messingnägel mit den geprägten Köpfen, die sein Polster halten, etwas von der ehemaligen Wahrheit herauszufiltern – ähnlich der C-14-Methode, mittels derer man den Anteil an organischen Bestandteilen, die Moleküle des Kohlenstoffes erkennen und ungefähr messen kann.

So steckt auch im Gegenstand noch etwas von seinen Herstellern und Benutzern, das beim Beschreiben des Gegenstandes hervorzusintern vermag. Irrtum jedoch bleibt, daß – falls man den Gegenstand erneut benutzt – etwas nachvollziehbar würde oder nachempfindbar, was einstiger Gebrauch bei den verschwundenen Eignern hervorgerufen habe: Auch das nichts als eine wehmütige Illusion, Versuch des Sichzurückversetzens, das immer den Ort seiner Absicht verfehlen muß.

Und doch: Der Gegenstand, indem er sich uns in die Hand gibt, vermittelt uns jene Wahrheit, zu der alle bisherigen geistigen und künstlerischen Hervorbringungen nicht fähig sind, da sie durch Genialität oder Vollkommenheit, durch ihre Ästhetik über die Notwendigkeiten und Bedürfnisse, über Zwänge und Deformationen uns belügen. Der Gegenstand, freier in seiner Erscheinungsweise, verrät mehr über uns selber, als wir zu ertragen imstande sind. Wir heißen ihn schweigen. Und nennen ihn daher einen toten.

»Honig saugen«

Dem Beschriebenwerden bietet sich alles an. In der höchsten Not fehlender Einfälle springt statt derer ein Gegenstand in die Lücke, der, zumindest für den Augenblick des Interesses, eine zentrale Wichtigkeit vortäuscht: Als ziehe sich in ihm unerwartet die Welt zusammen und sei nur in ihm erkennbar. Wie ein Abszeß, von dem man, obschon man ihm das weder ansieht noch zutraut, schmerzhaft auf den Gesamtorganismus aufmerksam gemacht wird.

Auch die Müdigkeit hat ihre Themen und Bilder, die, da sie sie vor körperlicher Schwäche nicht selber hervorrufen kann, auf dem Boden gefunden werden. Verwirrtes, häufig haarähnliches Gras zum Beispiel, das grüne verstrubbelte Fell eines vordem nicht bemerkten Wesens wird solchermaßen eher sichtbar, weil die eigene Lage, flach auf dem Rasen, einerseits schon die entsprechende Optik bewirkt, andererseits die Munterkeit und Agilität, nun verflogen, sonst ihre Selbstgewißheit wie eine Neuordnung über die Umwelt wirft, so daß vieles in dieser Ordnung unsichtbar bleibt, das sich erst angesichts unserer wehrlosen Mattigkeit hervorwagt. In einer verzweifelten Inspirationslosigkeit haben sich die Dinge mir oft anders gezeigt als vordem oder danach. Vielleicht wahrer, immer aber eindringlicher, was die Rückkehr zu ihnen in der Erinnerung gestattet. Man muß sich nur der Rolle des Weißdorns bei Proust erinnern, um zu wissen, wie leitmotivisch ein Leben durchwirkt werden kann von dem, was andere kaum wahrnehmen. Jeder von uns hat seinen Platz in einem Wald, den die Wirklichkeit abgeholzt hat; eine geschützte Stelle, der Erdboden von braungewordenen Kiefernadeln bedeckt, die Stille weder von Wind noch von Vogellauten gestört, lastende Mittagswärme, drogenartig der Harzgeruch zum Einatmen, Abgeschiedenheit, Heimlichkeit, Ewigkeit – besäßen wir nicht solche Stätten in uns, an denen wenige Sekunden zwischen zwei Mißbehagen auszuruhen weiterleben heißt, wir ertrügen uns selber und unsere dauernde Gegenwart nicht länger.

Schreiben

Wenn ich mich doch nur taub und blind machen könnte gegen die Welt, fühllos zudem, wieviel leichter schriebe es sich, von keiner Verzweiflung behindert, besser sogar und unabgelenkt. Die Frage bliebe bloß: Worüber?

Aufrichtigkeit (In Klagenfurt)

Trotz ungünstiger Umstände, Mißgefühlen und Müdigkeit, fiel mir nach einer Weile des Zuhörens auf, was ich vordem ein Leben des Lesens lang nicht bemerkt hatte: Jedes erzählende Selbst, ob in eine Rolle geschlüpft oder scheinobjektiv und autoritär waltend, ob durch eine Figur vermittelt oder direkt als Ich sich bekennend – jedes erweist sich als »anständig« im Sinne einer gelungenen bürgerlichen Erziehung. Merkwürdig: Es selbst, und wie immer auch verkleidet, ist *besser* als die anderen. Sogar da, wo es sich kritisch verhält und satirisch typisiert ist, oder vielleicht gerade da, wird ihm ein humaner Glanz zuteil, eine ethische Integrität, die ihm meist nicht gebührt. Denn – und das ist jenes »Denn«, dem die Entdeckungen folgen – das schreibende Individuum ist sich der geläufigen Ethik unaufhörlich bewußt und schreibt von diesem Bewußtseinsstand her, dem es jenseits des Schreibens selber nicht unbedingt verpflichtet sein muß. Menschen zu verachten oder zumindest sie verächtlich zu ignorieren, widerspricht nicht der sicheren Kenntnis idealen Verhaltens, die sich das schreibende Ich beiläufig und ahnungslos selber zuordnet, wodurch es eine »hohe« Menschlichkeit vortäuschen kann, sogar vor der eigenen Person. Eigentlich kenne ich kein oder doch kaum ein Buch, in welchem der Autor seine Negation als Erkenntnis einzubringen vermag: Er weiß zu gut, wie man gut ist, als daß er die Miesheit des subjektiven Blickwinkels als seinen akzeptieren und benutzen würde. Die Ehrlichkeit hat ihre Grenzen im Medium des Erzählens selber. Wenigstens eine Gestalt muß immer »gut« sein, und wenn alle Karikaturen sind, dann ist zumindest der Karikaturist keine. Eine selbstblinde Zensur waltet in aller erzählenden Prosa und verhindert, daß Gleichgültigkeit und Herzlosigkeit, die Beine, auf denen die Welt vorankam und kommt, das Prinzip stellen. Noch die ihre naive Misanthropie predigenden »Gesänge des Maldoror« oder Cèlines »Reise ans Ende der Nacht« oder Texte Genets sind, entgegen ihren Behauptungen, ihrem kindlich stolzen »Satanismus«, moralische Pamphlete, durch Lob des Bösen und den Hymnus der Verzweiflung unentwegt auf ihr Komplement beharrend. Die Wahrheit über uns dürfen wir nie erfahren. Weil, wer zum Schreiben kommt, sie schon nicht mehr besitzt.

Zum Mythos der Literatur

Sich ins Buch, in den Roman versenken und weltabgeschieden und mit klopfendem Herzen die Schicksale der Figuren teilen. Oder im Theater die Revolution auf der Bühne bejubeln, die über Unterdrücker und Ausbeuter triumphiert. Beides Beispiele für die Ersatzfunktion von Literatur, denn daß sie entgegen ihren eigenen, vielfältigen Absichtserklärungen ein aktiveres oder doch intensiveres Sein als das gewöhnliche, alltägliche zum bequemen, gefahrlosen Nachvollzug anbietet, unterliegt keinem Zweifel. Darüber sind wir uns im klaren. Was wir nicht ahnen, ist, daß dieses Substitutionstalent von ihrem fernen Ursprung herrührt, als sie noch Magie war, Jagdzauber, der das Wild vor der Jagd als erlegt erklärte, rhythmisch skandierend die Ahnen herbeizitierte, bis man tatsächlich ihre Anwesenheit zu spüren meinte, die Götter anrief und ihre Antwort vernahm. Daß in aller Literatur ihr eigentümlicher Anfang aufgehoben ist und seine Wirkung tut, nämlich Realität zu ersetzen, läßt sich sogar noch aus den Aggressionen ablesen, mit denen sie, diese nur noch von der Mathematik übertroffene Abstraktion, manchmal zurückgewiesen wird als »falsche«, als »verfälschte« Realität; als eine Realität, die so nicht sein soll, als wäre sie eins mit der handgreifbaren. Diese Verwechslung ist nur dort möglich, wo die tatsächliche Unterscheidung von Wirklichkeit und Kunst noch nicht stattgefunden hat und steinzeitliches Denken vorherrscht.

Nekrolog

LITERATUR BEWAHRT VERSTORBENES und Vergangenes auf, indem sie es in einen Zustand überführt, der von Wind, Regen und Glut nicht mehr erreichbar ist: in den der Abstraktion. Das Gewesene, sobald es zu sein aufgehört hat, läßt sich anders nicht konservieren: Leben, das eben noch ist und gleich darauf schon war, wird zur aufgezeichneten Erinnerung, selbst wenn die Aufzeichnung das Präsens wählt. So entsteht der Verdacht, alle Literatur, unter Vortäuschung wiedererweckter Gegenwart beim Lesen, eine Zeitgeisterbeschwörung, sei nichts als ein einziger Nachruf. Auf der Suche nach der verlorenen Zeit erweist sie sich am Ende als unhaltbar vergangen: Eine umfangreiche Inschrift berichtet von ihrem ehemaligen Inhalt. Zugegeben: Diese Hypothese erweitert H.-G. Wunderlichs Kulturtheorie von der steingewordenen Permanenz des Totenkultes auf die Literatur. Wie der Archäologe in den Megalithbauten das vergegenständlichte, magisch geführte Gedächtnis der Menschen sieht, denen die Anwesenheit ihrer Vorfahren durch den Bau garantiert ist, so fällt auch unser Blick auf die zu Buchstaben gewordenen Väter und Vorväter, die – als säßen wir noch in der Urzeit – uns ebenfalls auf eigentlich magische Weise nahe sind, übersichtlich im Regal geordnet, damit sie, wozu sie auch damals dienten, uns unsere Identität sowohl schaffen wie sichern. Das bedeutet keine Abwertung, sondern zeigt eher eine Kontinuität menschlichen Denkens, das sich differenziert und kompliziert haben mag, von seiner Grundlage jedoch keine Ablösung erfuhr: Die Formierung innerhalb einer Kultur, durch Überlieferung verursacht, durch Einweihung in Riten, durch die nahezu klassische Initiation läßt den Geist der Ahnen auf uns übergehen. Demzufolge könnte Literatur nicht revolutionär sein, weil – im Widerspruch zu ihrer manchmal sprachlichen Revolte – sie sich des in ihr Aufgebahrten und Eingesargten nicht entäußern kann, ohne sich selbst aufzugeben. Sie bliebe die Pyramide, deren Steine zum Barrikadenbau unbrauchbar wären.

Eine Gefahr

Es gibt eine Weise, die Wahrheit so weit zu abstrahieren, daß sie wie verdünnt erscheint. Während man sie solchermaßen darbringt, ist man noch selbstgewiß, vielleicht sogar selbstgerecht, indem man zu tun meint, wovor die anderen zurückschrecken: Die Wahrheit sagen. Eine Selbsttäuschung, hervorgerufen durch eine besondere Fähigkeit zur Verallgemeinerung. Dabei jedoch gleicht sie, die Wahrheit, die man sagt, bereits dem Gift, daß zu therapeutischen Zwecken verarbeitet worden ist, mit prozentual niedrigem Anteil an der Menge des Wörtlichen vorhanden, mit Stil verknetet, durch Gleichnisse neutralisiert, so daß sie keinen mehr tötet, was doch wohl ihr einziger und eigentlicher Zweck gewesen wäre.

Glauben

Schleichendes Unglück, verfliegende Hoffnung, die beiden letzten Komponenten unseres Daseins. Nachlassen körperlicher Fähigkeiten, Herbstgefühl, in manchen Abendstunden unerträglich. Man lebt und fragt:

Wozu? Daß wir überflüssig wurden, wissen wir längst. Trotzdem: Gegen jede Vernunft meldet sich Eitelkeit oder einfach die pure Ausweglosigkeit und behauptet, ohne die Worte, die sie sammelt und aneinanderreiht zu dauernd wechselnder Bedeutung, gäbe es keine Sonnenuntergänge, nicht das herabgefallene Blatt, schon bräunlich und halb aufgelöst; nicht Freundschaft, nicht Liebe, nicht Welt, nicht das Wissen, wie wenig gewußt wird. Um daran noch zu glauben, wie verzweifelt muß einer sein, wahrscheinlich immer nahe dem Schlußpunkt, den er nur immer aufs neue Satz um Satz aufschiebt.

Katzensorgen

KOMME ICH IN mein Arbeitszimmer zurück, liegt sie auf meinem Sessel und schläft, aber sie weiß, daß ich da bin und sie mir den Platz weggenommen hat. Ohne die Augen zu öffnen, den grau gestromten, am Kinn weißbehaarten schlangenähnlichen Schädel gegen die Rückenlehne gestützt, gibt sie sehr leise ein paar klägliche Töne von sich, als weine sie aus herzbrechenden Träumen heraus, von denen ich mir keine Vorstellung machen kann und auch sonst niemand.

Vielleicht sollen die Jammerlaute mich bloß abhalten, ihr den Sitz streitig zu machen, und wie immer, falls es eine ist, geht ihre Rechnung auf. Nun stöhnt sie schwach und ausatmend, viel zu dick und müde vom Nichtstun, von der eigenen Last überwältigt und in Schlummer gesunken. Würde ich versuchen, sie hochzunehmen, sie andernorts zu plazieren, sie fauchte mich an wie einen bösartigen Katzenfeind, einen Fremden, den sie nie gesehen hat. Doch nicht das ist der Grund, das hin und wieder seufzende, bepelzte Wesen liegenzulassen, sondern ihres Schlafes komischer Würde halber – auch darin den Menschen nahe, deren Schlafanblick uns erheitert und zugleich eigentümlich berührt, weil er so verletzlich, so leicht zerstörbar ist: Demonstration wehrlosen und wahrhaft blinden Vertrauens. Es zu mißbrauchen, bringen wir nicht über uns. Darum setze ich mich auf meinen Arbeitsstuhl, unbequemer rastend als das kaum hörbar ächzende Geschöpf, dem ich den Vorrang lasse und das – ich könnte es beschwören – durch den nicht gänzlich geschlossenen Lidspalt mich jetzt zufrieden mustert.

Eine Figur und ihre Lage

EINES MORGENS BEIM ersten Blick in den Spiegel kam sich der Schriftsteller verändert vor: Sein Schnurrbart, sonst der Mundwinkelneigung melancholisch angepaßt, schien zu beiden Seiten leicht aufgerichtet, fast wie gesträubt, und als er witternd die Nase bewegte, schloß sich der Schnurrbart der Gymnastik des Gesichtszentrums an. Und wie unrasiert er war, gräulich, und die Gesichtsfarbe, ungesund, fahl, farblos, wahrscheinlich vom alkoholischen Exzeß des gestrigen Abends oder nur vom vielen Denken.

Das Denken gehörte ja zum Beruf, leider, das war nicht zu ändern. Eine andere Begleiterscheinung wäre ihm lieber gewesen, etwa die Fähigkeit des Fliegens oder des Sympathieerweckens, aber Denken – eine trostlose, herostratische Beigabe.

Was dachte man denn schon so, dachte der Schriftsteller, während er sich eifrig putzte, doch nur Unangenehmes, Bedrückendes, das man, kaum gedacht, anderen mitteilte. Etwa etwas über die unleugbare Notwendigkeit der Angst! Die Angst als einzig unfehlbaren Indikator für sämtliche uns umgebenden Vorgänge. Nehmen wir zum Beispiel dieses Stück Käse, dachte der Schriftsteller, und er nahm es vom Teller, um behaglich daran zu knabbern: Käse ist gut, weil er keine Angst hervorruft. Würde ich bei Käse Angst verspüren, wäre Käse schlecht. Er wischte sich nachdenklich den Mund und überlegte, ob diese Einsicht in das Wesen des Käses schon aufschreibenswert wäre, oder ob er den Gedankengang weiter vorantreiben sollte, wobei man möglicherweise in Bereiche geriet, deren philosophischer Boden dem draußen im Garten nach heftigem Regen ähnelte. Man ging immer unsicherer und machte sich nur schmutzig. Sei's drum, dachte er, wenn ich nicht weiterdenke, wer dann wohl sonst, und wenn nicht jetzt, wann dann?

Angst hingegen meldete sich prompt bei dem Gedanken an jenes »besondere Ding«, aber außer der Angst vor diesem selber, stak in ihm eine zweite Angst vor dessen genauer fachlicher Bezeichnung, die auszusprechen man besser vermied, wollte man es nicht noch zusätzlich auf sich aufmerksam machen. Fühlte er sich einmal, was nicht oft und nie ohne vorangegangenen Alkoholgenuß geschah, mutig genug, so wagte er immerhin, es bei sich »Das Gerät« zu nennen. Mehr jedoch brachte er auch in seinem heimlichsten Herzen nicht zustande: Dabei hatte er es nur einmal weit hinten im Halbdunkel eines engen Korridors blinken sehen, das Gestänge kaum erkennbar, die Feder gespannt, das Holzpodest nach Harz duftend, doch war dieser Geruch überlagert von einem anderen, der ihm das Wasser im Munde zusammenlaufen ließ. Aber das »besondere Ding« war schlecht, sehr schlecht, weil es ihm solche Angst machte. Er dankte dieser Angst, weil sie ihn bisher vor dem »besonderen Ding« bewahrt hatte: sie war das einzige Unterscheidungsvermögen, das ihn in der Welt sich zurechtfinden ließ. Und sie funktionierte nicht nur angesichts bedenklicher Gegenstände, sondern genauso im Hinblick auf bedenkliche Überlegungen – je weiter man denen folgte, und als er das dachte, merkte er, daß er sich schon zu weit gewagt hatte, desto häufiger drohten sie, ihm das zu bereiten, was er eigentlich vermeiden wollte. Denn unweigerlich führte alles Denken, auch wenn es erfreulich mit wohlschmeckendem Käse anhub, rasch zu dem »besonderen Ding«, unter dessen Existenz seine eigene verlief, ständig von Vernichtung bedroht. War denn Denken wirklich so schlimm, dachte er, daß man sich nicht davon lösen konnte, wo doch andere ohne diese Beigabe auszukommen schienen. Warum wollte man gerade ihm an den Kragen, da er sich überhaupt keiner Schuld bewußt wurde? Er hatte sich solche Mühe gegeben, beim Denken im Radius des Käses zu bleiben, aber es lag nicht an ihm, daß er sich bald in Schreckvisionen verlor. Vielleicht könnte man ein Abkommen treffen, dachte er, das dazu führte, daß jenes »besondere Ding« aus seiner Umwelt entfernt würde. Er war überzeugt, bessere gute Gedanken denken zu können, sobald »Das Gerät« nicht länger als dauernde Gefahr in einem der bekannten Hintergründe lauerte – aber gerade seinet- und seinesgleichen wegen stand es ja da!

Vermutlich gibt es keine Rettung davor, für keinen von uns. Alle noch so sorgfältig gewählten und abgesicherten Ideen sowie ihr Aufschreiben hatten zu nichts geführt.

Man hatte ihn in eine Lage versetzt, die ihm keinen Ausweg ließ. Wo sollte er hin, ein Schriftsteller, kenntlich am grauen Fell, den schwarzen Augenperlen, der hastig huschenden Bewegung und der unveränderlichen Art und Weise, sich mit den Vorderpfoten die Nase zu wischen.

Puppenkopf

Von beschädigten oder stark zerstörten Gebrauchsgegenständen gehen unterschiedliche Wirkungen aus; nicht selten anrührende. Ein fortgeworfenes Fahrradgestell ohne Räder, eine verbeulte Kühlschranktür, das Unterteil einer alten, gußeisernen Nähmaschine rückt sich selber scheinhaft in die Nähe antiker Relikte, weil unsere Wahrnehmung seit langem archäologisch und gegenwartsfeindlich disponiert ist.

Anders die Reaktion, taucht etwas Menschengestaltiges im Blickfeld auf. Eine Puppe, verrenkt, nackt, lädiert, auf die wir unversehens stoßen, schafft Unbehagen, obwohl noch gar kein Beispiel dieses spontane Empfinden eindeutig erklärt. Und zwischen dem einzelnen Puppenkopf gar, von unserer verleugneten Lust am Unheimlichen und Schaurigen zur Zimmerdekoration ausersehen, sublimierte Trophäe vergessenen Kopfjägertums, und dem Betrachter entsteht eine eigentümliche Beziehung. Das Fehlen aller Gesamtkörperlichkeit steigert enorm die Beunruhigung, welche von dem übriggebliebenen Kopf in seiner totalen Wehrlosigkeit ausgeht, und der unseren Blick mit einem eindringlich-leeren erwidert. Der Zustand vollkommener Dekomposition gemahnt uns an unsere eigene, von der jeder spätestens nach seinem Ende betroffen wird. Der pure Kopf ohne die gewohnte Fortsetzung seiner ihn tragenden Gestalt ist ein Menetekel, ähnlich den Schädeln in früheren Beinhäusern, nur weniger natürlich.

Durch seinen Ausdruck von Gleichgültigkeit, hinter dem die Andeutung eines starren Lächelns steht, wirkt er wie unverhofft abgeschlagen und konserviert, ein Akt der Heimtücke, den das Opfer ahnt, ohne ihn sich und uns erklären zu können. Daß es noch dazu ein kindliches Gesicht zeigt, verschärft den hypothetischen Vorgang und läßt ihn zu einer unaufhörlichen Schändung werden, von der wir uns, wie von so vielen gleichartigen Grausamkeiten, nicht abzuwenden vermögen, auf eine Weise fasziniert, in der wir etwas von uns entblößen, das der Hölle gehört.

Verfall der Fantasie

NICHT VERROHUNG VERURSACHT immer blutrünstigere und grausigere Filme und Bilder, sondern Fantasieverfall und Erfahrungsmangel. Wo bis ins frühe 20. Jahrhundert eine Andeutung genügte, den Schrecken nachzuverspüren, den Tod in vielerlei Gestalt sich erneut ins Gedächtnis und in die Imagination zu rufen, muß heute allemal alles deutlich gezeigt werden, damit es auch die entsprechende Empfindung wecke. Wir selber sind Abgeschiedene, auf neue Weise, nämlich von der Lebens- wie der Sterbensvielfalt, denen die Öffentlichkeit keinen Auftritt mehr zubilligt. Mit dem Auseinanderbrechen des Individuums in lauter einzelne, manchmal sogar zusammenhanglose Teile durch die fortgeschrittene Teilung und Spezialisierung der Gesellschaft, durch zunehmend subtilere Arbeitsteiligkeit, ist für jeden dieser unserer so unterschiedlichen Teile auch eine besondere Abteilung zuständig. Im Grunde besteht die neue Freiheit und Wohlfahrt der Gesellschaft nur darin, daß sie dem Einzelnen, ohne daß er es gemerkt hat, seine Eigenschaften und Charakterzüge entzogen und den Fachbereichen überantwortet hat. Ob es sich dabei um seine Sexualität handele, seinen Stolz, sein Mitleid, seine Freuden und Leiden, auch seine Endangst, für jedes ist ein Fachbereich zuständig, der ihn mit Lieferung eines Vorbildes der persönlichen Erfahrung enthebt. Durch die Fülle der Muster verkümmert die eigene Vorstellungswelt. Was man nicht mehr tief in sich weiß, macht einen nicht heiß, und so läßt man sich von außen erhitzen, durch die Maximierung gröbster Darstellung von Rausch, Not und Tod.

Zum Tode von Nicolas Born

ALLE WORTE DER Trauer scheinen unangemessen, richtiger die zornigen und bedrückten. Daß wir Nicolas Born verloren haben, macht uns hilfloser in einer Welt, die sich »selber nicht weiß«, in der wir ziemlich allein sind mit unseren sicheren Befürchtungen und trostlosen Einsichten, immer mehr allein, je weiter das allgemeine Unheil fortschreitet. Dagegen hat Nicolas Born sich gestellt, mit seiner Sprache, und als einer der letzten dabei die Möglichkeit des ganz anderen Seiens ahnen lassen, das zu leben sich lohnen würde. Etwas wie Utopie, aber jenseits gesellschaftstheoretischer Festlegungen, jenseits der häufig an uns vollzogenen gewaltsamen Exerzitien, ist in vielen seiner Gedichte wirksam: die Utopie des Alltäglichen, des permanent Vergessenen und Unterdrückten. Niemand wird es uns so mehr nennen. In dieser Zeit aufmerksamer Gleichgültigkeit, die jeden Schrecken hinnimmt, indem sie ihn entsprechend und konversationsfähig thematisiert, und an welcher ich durch Herzensträgheit mitbeteiligt bin, ist Borns frühes Ende unfaßbar niederdrückend. Nicht weil er, wie ich meine, der wichtigste zeitgenössische westdeutsche Dichter ist, ein unwiderlegbarer Analytiker von Menschen und Zuständen, sondern weil er uns eine natürliche Empfindlichkeit gezeigt hat, eine Sensibilität, zu der wir uns bestenfalls und nach gewissen Kalkulationen zwingen können. Hingegen er: eine schutzlose Gestalt, immer Betroffener, nie Unbeteiligter – er hat zuviel zu deutlich erkannt. Wer wird uns jetzt sagen können, was uns fehlt oder wo wir selber gefehlt haben? Müssen wir diesen Tod nicht besonders hassen, ganz egoistisch, weil er uns um einen Teil unseres eigenen Wesens gebracht hat, das, in uns nur latent, sich in ihm verwirklicht hatte?

Kein Nachruf (Erich Hanko)

In jedermanns Dasein erscheinen Menschen, als Randfiguren der eigenen Existenz eingestuft, welche manchmal diese Sichtweise des solcherart Betrachtetwerdens sogar zu akzeptieren und ihr Leben danach einzurichten scheinen: sie lassen es am Rande aller anderen verlaufen. Ob das auf Freiwilligkeit beruht, ob die Ansicht anderer von ihnen für sie zum Zwang wird, der auf sie rückwirkt, läßt sich nicht erklären. Unvorstellbar, was sie dazu gemacht hat, Zeitgeschichte, Erfahrung, Temperament, Zufall, Selbstzweifel, daß sie, wie Erich Hanko, an den ich mich selten aber doch sporadisch erinnere, schemenhaft sein müssen oder sein wollen: wie diese kleine grauhaarige Gestalt, Zigaretten aus einer winzigen Aluminiumspitze rauchend, einstmals Lehrer von Beruf, dann für Zeitschriften komische Geschichten schreibend, um seinen Lebensunterhalt zu verdienen und nicht mehr. Und wieso habe ich eigentlich nicht zu vergessen vermocht, daß er daheim in seinem Garten am Stadtrand niemals etwas anderes tat, jedenfalls seiner eigenen Aussage zufolge, als im Liegestuhl zu ruhen und manchmal ein wenig zu schlafen. So, vermute ich, wird er auch gestorben sein, indem er einfach nicht mehr aufwachte. Aber eine innere Befürchtung sagt mir, daß sich in seinem Dasein und Sosein eine unbarmherzige und konsequente Verweigerung bekundete, eine Rache an Gott, der aus so vielen Milliarden Bestandteilen besteht, daß er seiner selber nicht gewahr wird, geschweige denn einer Randfigur.

Paraphrase über eine Zeile Walt Whitmans

VON UNS GEHEN Ströme aus, und wir unterliegen Strömen. Unser Verhältnis zur Welt ist davon bestimmt. Im Zyklus unseres Erscheinens vor dem allgemeinen Angesicht, zusammengesetzt aus übervielen Mienen und Zügen, auf dem Weg hin und her durch die Straßen, durch die Städte, während des Gehens durch Wälder oder selbst in Momenten der Ruhe, tragen die inneren Ströme den Leib, den elektrischen: Sie gehen von uns aus und kommen doch von fern, intersubjektive Energie, deren Spuren sich in der Geschichte markieren, bis sie ganz und gar die Geschichte geworden sind. Demzufolge ist zu fürchten, mitten unter uns befänden sich tote Batterien, unübersehbare Mengen, und auch solche, die gerade noch flackern, und die ihr Erlöschen als endlichen Vernunftgewinn, als Beginn einer schützenswerten Existenz begrüßen, indem ihr Name schon im Buch der lebenden oder in einem anderen wenig bekannten Gedicht gestrichen wird.

»Country road, take me home . . .«

LEIDLOSES DAHINGLEITEN, WIE im Traum, begleitet von Telegrafenmasten, auf schnurgrader Straße, die sich fern in der ersehnten Ewigkeit verliert. Manchmal, wenn die Gerade über eine Bodenwelle führt, über einen gemilderten Hügel, dehnt sich das leere Land ins Maßlose. Kahle und deutlich steinerne Berge garantieren das Versprechen der Einsamkeit, das dieses Land dir gegeben hat.

Fliegen

IN DIE ANGST und das Vergnügen, in das Staunen über Gebirge aus felsigen Auffaltungen, die dem Geäder von Blättern ähneln und über watteweiße Wolken, denen man undurchdringliche Massivität zuzugestehen geneigt ist, mischt sich, wenn auch zaghaft, ein Empfinden, das mit dem Wort »Enttäuschung« grobschlächtig festgenagelt wäre. Weder ist so eindeutig, noch so stark, was ich unerwartet spürte, als ich aus zwölftausend Meter Höhe auf die ockerfarbene Wüstenlandschaft zwischen Texas und Kalifornien hinabsah und den Blick lange nach unten hielt. Etwas resignativ Resümierendes regte sich: Das ist nun alles, das ist es nun! Und auf einmal wurde mir klar, daß die Erdkugel klein ist. Flöge ich jetzt immer so weiter, vielleicht zwei Tage, aber was ist das schon, ich vibrierte mit der schwer gegen den Widerstand der Luft andrängenden Maschine aufs neue über diese leere Fläche hinweg. Und aus diesem Kleinheitsempfinden, dem sich das Bewußtsein von der Geringfügigkeit der rasch umrundbaren Kugel anschloß, entstand Rührung: Ja, ich war gerührt, weil sie so winzig war und darum viel gefährdeter, als man es gedacht hatte. Die totale Zerstörbarkeit, in diesem Moment wurde sie offenkundig. Unsere Welt war weder grenzenlos noch unendlich, alles nur überlieferter Glaube aus Tagen, da der Globus hauptsächlich aus weißen Flecken bestand und hinter dem nächsten Bergrücken bereits ziegenfüßige Wilde mit einem einzigen Auge auf der Stirn hausen mochten.

Das dem Fliegen einstmals zugeschriebene Freiwerden von Erdenschwere erwies sich als Legende, als Irrtum: Nichts von Freiheit, von göttergleichem Aufschwung – nie war mir vordem Ikarus so fern wie während des Fluges, Kassandra so nahe.

Gerechterweise ward mir ein Trost gewährt: tief unten und mitten in der bräunlichen Weite, durch keinerlei Zivilisationsspuren ausgewiesen und kenntlich gemacht, befand sich ein unregelmäßiger Kreis hellerer Kuben, von der noch tiefstehenden Sonne plastisch hervorgehoben: eine Pueblosiedlung. Sie lag in dieser Verlassenheit da, als sei sie der einzig existierende irdische Ort, der über alle Zeiten hinweg außerhalb jeder Kommunikation, außerhalb des seit langem sich verdichtenden Netzes verblieben wäre. Ein unentdeckter Platz, an dem die bisherige Menschheitsgeschichte vorbeigegangen, ohne daß da unten überhaupt einer was von Menschheit wüßte. Zu diesem verlorenen Punkt wünschte ich mich hinab: Dortsein, dort leben, von dort unten aufschauen zum ewigen Himmel, und von dem silbernen Funken, der oben vorüberzieht, annehmen, er sei ein Zeichen – ahnungslos, daß diese Annahme sogar stimmte: aber als Menetekel.

Eisenbahnfahrt

Dass draussen die Landschaft vorbeizieht, Städte und Städtchen, Dörfer und ganz vereinzelte Häuser, vielleicht Gehöfte, Wälder, Teiche, Flüsse, Fabriken, Türme, Hügel von Beton und von Erdgrund, gibt der Bahnfahrt das Besondere und zugleich Gewöhnliche. Nichts erscheint, was gänzlich fremd wäre, eine endlose Abfolge des Ähnlichen. Zum Außerordentlichen aber dadurch berufen, daß man mit der Bahn daran vorbeifährt und sich dabei über die Seltsamkeit des Vorganges klar wird.

Amsterdam, früher Morgen

Noch hinter der Glastür im Innern des Hotels und bevor man sie öffnet und hindurchgeht, läßt sich ahnen, was einen erwartet. Und schon der erste Blick nach links und nach rechts die Gracht hinunter, bestätigt es: Zu dieser frühen Morgenstunde schlafen alle, schläft die Stadt. Nimmermüde Tauben nahen mit geräuschvollem Flügelschlagen, das man erstmals vernimmt, dem reglosen Wasser des Kanals. Unsichtbare Vögel rufen einander Botschaften zu, die man in dieser absoluten Reinheit des zögernden Tagesbeginns zu verstehen meint. Es sind Töne ungewollten, sich selber nicht zweifelhaften Glücklichseins. Die unregelmäßige, rauhe Pflasterung ergibt sich dem Fuß. Und weil der tobende Karneval des Tages fehlt, der sie als einzelne in die kulissenartigen Zeilen zurückdrängt, macht jetzt jedes Haus sich selber bemerkbar: Als trete es, eines nach dem anderen, einen halben Schritt aus seiner Reihe hervor, um seine besondere und sonst unbeachtete Eigenart und Einmaligkeit zu zeigen. Sie weisen ihre Geburtsurkunden vor, große Zahlen aus Metall oder in steinerne Türbalken geschlagen. Einige haben sich zur Feier dieses Morgens mit wildem Wein behängt, wie ein schmaler Wasserfall stürzt es reglos und lautlos an den Fassaden nieder. Auch zerbrochene Scheiben geben zu bedenken, was hinter ihrer Gräue sei, die nur noch von Spinnwebschichten unzähliger Dekaden zusammengehalten wird. Fenster, geheimnisvoll verhängt mit farblosen, faltigen Bahnen oder braunem Karton, den die Sonne zur Mitte hin schon ausgeblichen hat. Verrostete Autos, eine Ewigkeit hier geparkt, haben eben während dieser ihr Aussehen den Häusern angepaßt, entweder um sie nicht durch ihre Anwesenheit zu beleidigen oder um durch das Ähnlichwerden durch zweckvolle Mimikry, ebenfalls der Gnade des Altwerdenkönnens teilhaftig zu sein. Ein kleines, nicht identifizierbares Tier huscht vom Bürgersteig in den schmalen, höchstens zwanzig Zentimeter messenden Spalt zwischen zwei Brandmauern, wo es vielleicht unter weggeworfenen Pappbechern, Bierbüchsen, Zeitungsfetzen, Flaschenscherben seine ungestörte Höhle besitzt. Hinter keiner

Ecke eine Gestalt. Wer jetzt um eine biegt, ist man nur selber, sonst niemand, und sieht, zurückschauend, die niedrigen Geländer von der Höhe eines halben Autoreifens am Kanalrand, einen geneigten unbewegten Baum, nachgedunkeltes Ziegelwerk mit weißumrahmten Fenstern, hinter denen sich nichts rührt.

Es ist aber keine Todesahnung rundum, keine Vorahnung perfekter Vernichtung, die außer den Menschen alles sonstige in seinem Zustand beläßt: Leben ist spürbar, doch was für eines, das bleibt unverständlich, weil es sich nicht zu erkennen gibt.

So wirkt nicht Wunder, daß an einer Ecke, Spuistraat und Molweg, ein kleiner Laden wie die stumme Pointe dieses frühen Amsterdamer Morgens ihn beschließt, ehe eine Biegung auf den Hauptbahnhof zuleitet und den Tag in Betrieb setzt. Hinter Scheiben, nicht tiefer als bis zum Gürtel reichend, drängt sich bunt-verblichener Kram einstiger Zeiten, Papiermachépuppen, Scherzartikel, Blechschächtelchen, teils für Grammophonnadeln, teils für Bonbons, handkolorierte Postkarten, auf denen Liebespaare sich küssen, von klischierten Spruchweisheiten dazu angestiftet, und weiter dahinter im Laden selber auf alten Vitrinen und in zweckentfremdeten Glasschränken Blechspielzeug: Feuerwehren mit blechernen Helden hinterm Lenkrad, ein dunkel-eisernes, höchst archaisches Spielzeugauto von enormer Größe, ohne Farbe, einem vorgeborenen Tingely zu verdanken, dazu Eisenbahnen, Lokomotiven, Waggons, und ihnen gegenüber im rechten Winkel auf der anderen Ladenseite Puppen jeden Formats, mit fast schwarzen Pupillen durch den Raum zum andern Fenster hinüberstarrend, wo sich nichts und niemand befindet als dieser ungreifbare Moment, der täglich zur gleichen Stunde wiederkehrt, allen geneigt, allen zugänglich nur insofern, daß überhaupt keiner davon weiß.

Moment

Es gibt eine solche Ruhe des Lichts und eine solche Ruhe der Luft, daß davon die Erinnerungen aufwachen und wir entdecken, die eigentlichen Höhepunkte unseres Daseins seien beiläufige Momente gewesen. Solche, während derer die Welt uns epiphanisch überkam, zumeist im Freien, mitten in Natur und fast immer, wie das Gedächtnis meint, auf erhöhten Plätzen. Steile Felsklippen etwa, an vorbeistrudelndem aber sehr durchsichtigem Wasser, auf einer Wiese an einem ansteigenden Berghang, weiter Blick über Ortschaft und Fluß, fern alles blauer Dunst; kein Laut, kein Wort, keine Angst, keine Absicht, nur eine durchdringende Selbstwahrnehmung: Zeitstillstand, vermeintlich, so daß man sich in einer anderen Dimension wähnt, die man sonst nie bemerkt – obwohl sie dauernd besteht, als sei einem erst jetzt eine besondere Aufnahmefähigkeit dafür erwachsen, auf die jedoch keiner, ihrer Unbeständigkeit wegen, bauen kann. Zu rasch verliert sich wieder das Empfinden, das auch einem Baum eigen sein mag, Ausdruck eines bodenlosen Grundes zu sein, des in sich gekehrten Waldes, in eindeutiger Beziehung zu dem wandernden Schatten der Wolken, unter dem die Aussicht abwechselnd aufleuchtet und wieder vergraut.

»Heimkehr von der Jagd«

GENAU DAS SIND die Farben, an denen wir im Winterhalbjahr und zu viele Monate leiden. Und im Gegensatz zum Breughelschen Gemälde, da es wenigstens einen mächtigen Himmel enthält, Bewegung der Landschaft, hügliges Aufundab nämlich, die Jäger ziehen ja aus dem Vordergrund hinunter in den dörflichen Mittelgrund, sind wir einer geometrischen und flachen Umwelt ausgesetzt, die die Fahlheit und Gebrochenheit rings bösartig verschärft. Ob sie nun tot sei oder sich nur schlafend stelle, um erst in einer augenblicklich nicht vorstellbaren Zukunft zu erwachen oder aufzuerstehen, diese Natur ließe sich aushalten, wäre sie nicht so weit gedrosselt und zurückgedrängt worden, daß ihr anhaltendes jahreszeitliches Koma die menschlichen Werke mit in ihre Gräue einbezieht – eine Gräue jedoch, die den Baulichkeiten und Konstruktionen rundum ihr Urteil spricht.

Gartensonntage

SIE SIND ANDERS als ihr Zwillingsbruder in der Stadt, durch andere Umstände bestimmt und durch andere Merkmale so unvergeßlich wie ein wichtiges Ereignis, obwohl sie sich ja gerade durch völlige Ereignislosigkeit auszeichnen. Ein andauernd abebbendes Flugzeugmotorengebrumm, dessen Ton unerwartet naturhaft klingt; gedämpfte Radiomusik aus einem fernen Fenster, gänzlich verändert wie der Geschmack des Kaffees, der, im Freien getrunken, einem ungewöhnlich erscheint und ebenso zur Erinnerungsprägung beiträgt wie das Gebell eines nachbarlichen Hundes, wie ein Hämmern in der Nähe, dessen Schall sich zögernd an sonnenwarmen Wänden bricht, ein verkleinertes Echo des Ursprungs; ein Geruch nach verbranntem Laub, eine anachronistische Friedlichkeit, in welcher Kindheit erwacht, nicht nur jedermanns eigene, auch alle vordem gewesene, weil keine Metapher sie genauer bezeichnete als das Bild des Gartens an einem Sonntagvormittag, da die Freiheit vom Zwang der Woche, das geruhsame Atemholen, schon von der Gewißheit des unabänderlichen Montags überschattet wird, von der Vorahnung späteren Lebens, was eben diese absonderliche Seinsträchtigkeit der Stunden hervorruft.

Zehn Zeilen lang

Wehende Bäume als fächelten sie den Wind herbei; der Himmel dazu gemischt, blau und grau, etwas Gras, etwas Asphalt, dann tauchen Gestalten auf, Menschen, immer mehr, sie rennen, manche fallen, die anderen weiter und davon, bis auf solche, die liegenbleiben, um durch ihr Schicksal, das hier abreißt, zehn Zeilen hervorzurufen, die noch nicht einmal irgendwem unter ihnen gelten – jener besonderen Persönlichkeit, dem solitären Individuum, der unwiederholbaren Einmaligkeit, auf welche es andauernd nicht ankommt.

Noch einmal das Flugzeug

Häufig, besonders an Sonntagen, fliegt über meinen Garten auf dem Lande ein kleines Flugzeug langsam und in ziemlicher Höhe dahin.

Längst bevor es auftaucht, kündigt es sich durch melancholisches, nahezu natürliches Summen an, bis der Apparat selber erscheint, ein altes Kinderspielzeug, das eine eigentümliche Position in meiner Vorstellungswelt innehat. Es wirkt da oben in der blauen Luft unreal und friedlich, unkriegerisch, technisch simpel und noch vielversprechend, wie aus einer anderen Zeit kommend (von der es nichts mitbringt als dieses Geräusch und die leichte Fracht vager Tagträume) und in die es wieder verschwindet, ohne daß man auch nur ahnen würde, wo sie sich eigentlich befindet.

»Pickhühnchen«

Ein einstmals weit verbreitetes Spielzeug unserer frühesten Kindheit, das heute erneut hergestellt wird und zwar für Erwachsene, damit sie sich daran nostalgisch weiden oder fernen, ihnen überhaupt nicht bekannten Tagen wehmütig nachhängen, besteht einfach darin, daß zwei hölzerne Hühnchen auf einer hölzernen, durchlochten, mit Griff versehenen runden Platte einander gegenüberstehen, um mit nickenden Köpfen rhythmisch ungenießbare hölzerne Körnchen zu picken. Das Geheimnis ihres monotonen Fleißes, dem auch noch ein gleichmäßig hölzernes Klopfen entspringt, besteht in ihrer Bindung an eine Schnur, welche durch ein kugelförmiges Gewicht unter der Platte hin und her bewegt wird, sobald man die Platte am Griff wie eine Bratpfanne zu schwenken beginnt. Manchmal ist mir bei dem Anblick der beiden Hühnchen, als pickten sie gar nicht, sondern pochten höchst ernsthaft auf ihren jeweiligen Standpunkt, intransigent und historisch verfestigt, Konkurrenten am gedrechselten Näpfchen und dennoch vom selben Faden abhängig.

»Der heitere Fridolin«

Nur eine Kinderzeitschrift der zwanziger Jahre und vermutlich nicht einmal eine gute, doch für mich das beste damals, weil einziges Mittel von fast magischer Wirkung. Während ich mich zwischen ihre Seiten flüchtete, entstand aus ihr ein vielschichtiger, weitverzweigter Bau neben der martialischen und groben Wirklichkeit. Obwohl von luftiger Eigenschaft, war alles Betrachtete und Erlesene von keiner geringeren Gewichtigkeit als meine Umgebung. Geschichten und Rätsel und Spiele, versehen mit Illustrationen vieler verschiedener Zeichner, erschufen aufs neue die eben gewaltsam beendeten zwanziger Jahre, die ich selber nicht erlebt hatte, in einem naiven Orbis pictus, rosig gefärbt von Menschenfreundlichkeit, unsoldatischer Kameradschaft, Tierliebe und harmlosen Konflikten, deren Lösung von Anfang an feststand, weil es dazu bloß guten Willens bedurfte und ein wenig Einsicht. Gegenüber den drohungserfüllten äußeren Gegebenheiten bot mir, dem leichterdings verlorenen Kinde, der »Heitere Fridolin« insofern Stärkung, als er und seine Grundlage schiere Wahrheit vor der grausigen, alles umgebenden Lüge gewesen zu sein schienen und ich, indem ich die Hefte durchblätterte, etwas von dieser unbezweifelten Heiterkeit empfing, und hoffen durfte, daß, sobald die augenblickliche Verfinsterung vorüber, die ersehnte Fridolinische Epoche fortgesetzt würde.

Im nachhinein jedenfalls deute ich mir so das Faszinorum, dem ich erlag und das mich trug; dessen kunterbunte Typographie ich schirmend und kritisch dem Draußen, und *Draußen* war alles, entgegenhielt, denn auch andere alte Zeitschriften übten die gleiche, wunderlich betäubende Beruhigung aus, viel später sogar noch, als von Kindsein keine Rede mehr sein konnte. Nur die Ebene wechselte: Jetzt erlebte ich dieses, mein ganzes Selbst absorbierende Vergnügen im Studium früh vergilbter Almanache, Kataloge, Reiseführer und Verlagsankündigungen, deren Aktualität seit vierzig, fünfzig Jahren erloschen war.

Bis auch das aufhörte.

Hatte ich mich den trivialen oder kommerziellen Partien lebensfremder, zumindest widerspruchsfreier »Druckerzeugnisse« beigesellen können, um eine kurzfristige innere Harmonie zu erreichen, eine innere Stille nahe der Taubheit, wahrscheinlich weil die Irrealität des Gedruckten, prospekthaft Unwirklichen sich wie ein umgekehrter Laurinsmantel bewährte, indem er nicht mich, sondern die Wirklichkeit unsichtbar machte, so sperrten sich eines Tages die Annoncen, die Anzeigen, Waschzettel, Klappentexte, Werbungen, Fußnoten und Hinweise vor mir ab und überließen mich meinem Schicksal: einer ungetrosten Gesellschaft in einer ewigen Gegenwart.

Reminiszenz

JEDE ANALYSE, DIE im Schlager, in der kommerziellen Unterhaltungsmusik, zumindest in jener, die vom Kommerz deformiert ward, nichts weiter zu erkennen vermag als seine ausbeutbare Banalität, als seine ideologische Heimtücke, greift zu kurz und muß notwendigerweise einer wichtigen, wenn nicht gar der wichtigsten Dimension ermangeln: der Auslösungsfähigkeit einer Memoire involontee. Diese bedarf, was jedem von uns beispielhaft geschehen ist und immer wieder geschieht, keines Kunstwerkes, um sich zu manifestieren, ja, es scheint, gerade die Anspruchslosigkeit und Simplizität eines musikalischen Einfalls garantiert viel eher, daß sich unser Innerstes den verschütteten Bildern, den vom Alltag verdeckten biographischen Bruchstücken öffnet. Ich jedenfalls sehe mich stets aufs neue in einer engen, verwohnten Küche stehen, vor mir ein gekachelter Herd, längst auf Gas umgestellt, über ihm an der Wand, was 1945 ein unschätzbarer Gewinn wegen der dauernden Stromsperren war, eine intakte und funktionierende Gaslampe, die, wenn der Strom ausfiel, ein grünes zischendes Licht verbreitete. Auf dem Herd stand der braune Kunststoffkubus eines Volksempfängers, eben ans Netz angeschlossen, ein Draht aus der Antennenbuchse mit dem um den Herd laufenden, zwecklosen, verchromten Handlauf verbunden, um den Radioempfang zu verbessern. Dieser Moment, als beim langsamen Drehen des Skalenrädchens plötzlich Musik ertönte, eine nie vordem vernommene, voll Schwung, Eingängigkeit, Rhythmus und Heiterkeit, die unser Lebensgefühl adäquat zum Ausdruck brachte, hat sich unauslöschlich eingeprägt. Es war, wie wir es heute nur noch mit einer gewissen Sentimentalität zu erkennen vermögen, der Klang einer neuen, auch für uns gültig werdenden Zeit, der unsere Stimmung mächtig auftrieb und unsere nebulosen, rosigen Hoffnungen auf eine glückliche Zukunft emotional grundierte. Der Sender, zuerst gar nicht identifizierbar für uns aus den Kellern ans Licht gekrochene Überlebende, entpuppte sich bald als AFN – der Sender der amerikanischen Armee, und immer wenn wir die Soldaten eben dieser Armee trafen, am Alexanderplatz, Unter den Linden, vor den Trümmern der Reichskanzlei, zwischen den Ruinen Berlins, so schien es, sie bewegten sich im Rhythmus dieser ihrer und nun auch unserer Musik: sie überwandt anstelle der Worte die erste Fremdheit und leistete damit vielleicht mehr als alle ideologischen Aufwände, den jungen Deutschen eine Lebensweise zu vermitteln, von der sie keine Ahnung hatten. Und über alle späteren Enttäuschungen und Einsichten hinweg, blieb die Gleichsetzung des endgültigen Kriegsendes mit dem Glenn-Miller-Sound, der überwältigende Klang einer Big Band mit Befreiung, Freisein, Freiheit. Jedesmal, sobald ich irgendwann und irgendwo Schlager wie »In the Mood« oder »American Patrol« höre, kehrt etwas, ein Rest von diesem einstigen Aufschwung, zurück, wie eine stärkende Droge, die den psychischen Allgemeinzustand hebt, zumindest für drei Minuten. Das ist das Geheimnis aller Schlager: sie, die selber substanzlos sind, können sich einem intensiven Eindruck, einem Höhepunkt unseres Daseins beifügen, und somit zur Substanz eben dieses unseres Daseins selber werden. In mir war, dessen bin ich gewiß, damals in der kläglichen Küche des Jahres 1945 einzig der gelebte Augenblick vorherrschend und bestimmend und ich daher blicklos für die eben überstandene Vergangenheit, aber auch keiner Zukunft bewußt zugewandt. Ich lebte und lauschte, und beides verband sich zu einem einheitlichen Empfinden. Achtundzwanzig Jahre später vereinigte sich der ferne Moment mit einem gegenwärtigen, aber diesmal befand ich mich nahe dem Ursprung der Musik aus jenen halbvergessenen Tagen. Der Ort: die erhöhte, granitplattenbelegte Freifläche vor der Lyndon B. Johnson-Bibliothek auf dem Campus der University of Texas in Austin. Semesterbeginn der Anlaß. Hunderte von Gästen, Universitätspolizisten, hemdsärmelig, den Trommelrevolver an der Seite, bewachten von den Balustraden aus unser Erstaunen, unser unvermischtes Verwundern, da wir unter einem vom lichten Blau zum Türkis wechselnden hohen Himmel standen und nicht zu begreifen vermochten, wie wir eigentlich hierhergelangt waren. Und ob damit an ein Ziel, wußten wir ebenfalls nicht. Weißlackierte, mit gestreiften Markisen geschützte Getränkestände, dahinter livrierte Schwarze, eine Reminiszenz an »Onkel Toms Hütte«, versorgten die Durstigen, auch uns, die eben im Bibliothekssaal der Rede des Universitätspräsidenten geduldig zugehört hatten. Nun erschien auf der Terrasse ein Orchester, Vielzahl von Musikern, Instrumente unterm Arm, im Gänsemarsch, um an diesem sich zaudernd senkenden Abend alle jene Schlager zu spielen, die lange vorher dem Bakelitgehäuse quäkend entquollen waren. Unter den Tönen zerfielen die dazwischenliegenden Jahrzehnte zum Nichtgewesensein. Und wie einst gab es weder ein überschaubares Gestern noch Morgen – Bestand und Realität besaßen allein diese blinden und harmonisch gebundenen Minuten. Vielleicht sind sie oder doch welche wie sie das, was wir Glück nennen, zu dem wir sonst durch unser Wissen, unsere Erfahrung, unsere anhaltende Reflexion nie kommen. Nur wenn wir uns der Trivialität ganz hingeben dürfen, uns selber gestatten, was wir verächtlich »Gemüt« heißen, wenigstens einige Notenblätter lang den Zustand fast vollkommener Denkstille durchhalten, erfahren wir, was uns verlorenging, ohne daß wir je auf andere Weise diesen Verlust ausgleichen könnten.

Gedicht und Schlaf

GEDICHT UND SCHLAF sind, wenn schon nicht ein und dasselbe, so doch vom gleichen Stamm. Sie bergen Geheimnis, trotz aller Aufklärung und Analyse, ja, sogar entgegen dieser wissenschaftlichen Durchdringung werden sie eher noch rätselhafter durch solche Behandlung, weil die Offenlegung beunruhigtes, unbefriedigtes Fragen nach einem transzendentalen Bestandteil erst hervorruft. Ein »Trotzdem« und ein »Das kann nicht alles sein« folgt dem Blick auf das anotomische Präparat, dem das Leben ausgegangen ist. Die Kenntnis der molekularen Hirnstruktur, deren biochemischer Automatismus keinen anderen Zweck als den der Selbsterhaltung hat, Betrieb um des Betriebes willen, verrät uns nichts über unsere Träume und ihre Bedeutung für unseren empfindlicheren Alltag. Die sprachkritische Untersuchung des »Wortmaterials« eines Gedichts, die Aufdeckung jener Assoziationen auf sich ziehenden semantischen »Höfe« will uns nicht genügen und glatt eingehen, da wir an Banalitäten wie »Der Mond ist aufgegangen / Die goldnen Sternlein prangen . . .« derart hängen, daß sie uns, weit über ihren sichtbaren Inhalt hinaus, durchs ganze Leben, es in den Traum, ins Träumen öffnend, begleiten.

Winter und Krankheit

KEINE ANDERE JAHRESZEIT ist so günstig, einerseits zu erkranken, andererseits auch, unabgelenkt von der Heiterkeit und Regsamkeit des Sommers, sich der Krankheit mit Muße hinzugeben. Eine Erkältung, eine Grippe genügt, damit der Körper, geschwächt und fiebrig, zum einzigen Gegenstand seines eigenen Interesses werde. Aus diesem schlaff hingelagerten Objekt, dem der Schlaf immerzu näher ist als die Außenwelt, ersteht personale Vorzeit, aber diffus, verschwommen, wie wiedererwachende Vorzeit stets und wie die Krankheit sie kraftlos reproduziert. Alle früheren Erkrankungen sind in der jeweils letzten präsent. Die Gedanken wenden sich dem bisherigen Lebensweg zu, voller Verwunderung, wie viel wie rasch man schon zurückgelegt hat. Vor dem Fenster der Flockenfall ist jener der Kindheit, in die man unversehens wieder eintritt, nicht allein durch das fliegende und sinkende Weiß, Isolation von jeder Aktualität, sondern durch die momentane Hinfälligkeit des Leibes, der sich besser als das Gedächtnis erinnert. Zurückversetzt in einen Zustand, der Geborgenheit, Fürsorge, Beruhigung sowohl erfordert wie schafft und den Verzicht auf Wollen und Willen einschließt, breitet sich mit dem Infekt im Kranken eine Zufriedenheit aus: seine Verantwortlichkeit ist vermindert, wenn nicht gänzlich aufgehoben. Ein Kranker darf sich seiner Krankheit überlassen und alles andere rundum sich selber. Er darf, indem er den Kopf höher aufs Kissen schiebt, den Rücken gestützt, den Schnee genießen als märchenhafte Erweiterung seines Federbettes, das seinen Status sichert und unter dem er sich gleich auf die andere Seite dreht, um weiterzuträumen.

Die ersten drei Nächte in Itzehoe

TRÄUME, ALS HABE sich der Boden geöffnet, um mit einem Abglanz des Infernos meinen Schlaf zu illuminieren. In der ersten Nacht ereignete sich Invasion und Weltuntergang, japanisch wirkende Plastikfiguren, ähnlich plumpen Stehaufmännchen, aber kniehoch, die einen eintönigen Vokal ausstießen, ständig in gleicher Tonhöhe, und von irgendwem und von irgendwoher, vielleicht aus dem Universum, über uns abgeworfen worden waren. Wer sie berührte, verlor sein Menschsein und wurde wie sie; zu einer stammelnden Marionette, die mit Wackelschritten mechanisch sich die Straße entlangbewegte. Man hatte sich vor jedem Kontakt mit den Kunststoffgestalten zu hüten, doch rappelten und klapperten und tönten sie überall. Vor ihnen fliehend, suchte ich Marianne und fand sie endlich in einer Klinik, wo sie auf einem Tisch oder einer Trage lag, fest eingehüllt in Mull, auch der Kopf, so daß er nur undeutlich durch den Stoff sich zeigte, den ich vorsichtig anhob, um zu entdecken, daß sie ein drittes Auge auf der Stirn bekommen hatte, vermutlich mit Hilfe der Ärzte, und das mich leidend und fremd anblickte. Später wankte ich mit den befürchteten automatischen Schrittchen und mit anderen Menschen durch städtische Trümmer, manche noch brennend, von ungeheurer Größe, New York, wie ich wußte, auf den

Fluß zu, in den sich zu stürzen das Ziel schien. Der Himmel droben türkis, Feuerröte am Horizont, Farben wie von Breughel, nur aufgelichteter und als würden sie auf eine Kinoleinwand projiziert und ich selber in einen Film.

In der zweiten Nacht erschien ein Löwe, gierig nach unseren Katzen, sie zu töten und zu fressen; ich wehrte ihn mit einem eisernen Stuhlgestell ab, stieß immer aufs neue die vier stachelartigen Beine gegen seinen fauchenden Schädel, der, geduckt, sich vor mir hin und her bewegte, indessen die Katzen hinter meinem Rücken Schutz gesucht und vermutlich auch gefunden hatten. Bevor jedoch das Unerträgliche geschehen konnte, erwachte ich vorsorglich, wie meist vor der letzten furchtbaren Konsequenz, als knipse ein Sicherheitsschalter noch vor dem Höhepunkt den Strom aus.

Und in der dritten erlitt ich eine ausgiebige Haussuchung durch Beamte der Staatssicherheit, gesichtslose Typen, also wirklichkeitsecht, die in meinem Bucher Hause von überallher Manuskripte zusammentrugen, ihrer Meinung nach höchst verdächtige, wenn nicht gar absolut feindliche, und ich dauernd aufgefordert war, alle Texte für sie zu interpretieren. Fatale und recht eindeutige Formulierungen machte ich mühsam zu Exempeln meiner Harmlosigkeit, aber während ich unaufhörlich die Sätze, von denen ich brennend genau wußte, wie wenig sie das waren, mit meinen Erklärungen naiv in ihr Gegenteil zu verkehren suchte, merkte ich das Mißtrauen gegenüber meinen erläuternden Reden, und daß sie nicht an meine Unschuld glaubten, die ich selber ja auch nur vortäuschte, mit einer gewissen Gelassenheit übrigens, als geschähe mir nicht zum ersten Male, wovon ich da träumte. Wohl weil ich es so befürchtet habe. Doch bevor es tatsächlich geschehen konnte, bin ich erwacht und umgezogen.

Traum 1

HEUTE NACHT HABE ich einen Traum erlitten, der, trotz wiederholten Erwachens, seine inhaltliche Kontinuität behielt, die darin bestand, daß ich ein Mörder war, jemand umgebracht hatte, obschon ich nicht wußte, wen und warum, und nun mit nichts anderem beschäftigt blieb als mit meinem peinigenden Gewissen und der Verheimlichung der Tat. Wie ich mich anstrengte, andern gegenüber, durch unaufhörliches Reden über gleichgültige Themen das drängende Geständnis zu verbergen, das mir andauernd auf die Zunge kam. Auch wäre ich einmal beinahe in Tränen ausgebrochen, als mir nach einer kurzen Weile des Verdrängens plötzlich meine Schuld erneut einfiel, mit doppelter Wucht. Und ich sprach hastig und ablenkend weiter über Gleichgültige voller Furcht, daß mir, würde ich nicht derart konzentriert Nichtigkeiten von mir geben, ganz andere Worte gegen meinen eigenen Willen meinem Mund entströmen müßten. Dazu eine fast körperliche Übelkeit und der ruhelose Gedanke: Wie hast du nur so etwas tun können?! Und in der vagen Zone zaudernden Aufwachens: Wie furchtbar muß einem wirklichen Mörder zumute sein?!

Traum II

WARUM SEINE BEDEUTUNG geringer sein soll als die des gelebten Lebens, ist unverständlich, denn eben dieses Leben wird nach einer gewissen Weile ihm gleichwertig. Indem der reale Augenblick unaufhaltbar weiter versinkt und dabei seine Intensität und Substanz mehr und mehr einbüßt, wandelt er sich zum Bild, das, weil es nur erinnert, nicht mehr erneut erfahren werden kann, die Qualität jedes beliebigen Bildes in uns annimmt. Darum wirkt es, wenn wir es nach langer Zeit zufällig aus seinem Gedächtnisfach ziehen, seltsam unwirklich. Hat man tatsächlich erlebt, was einem da einfällt?

Besäße man nicht manchmal Indizien für die persönliche Vergangenheit, etwa Fotos, und allein deswegen hat sich diese Technik auch buschbrandartig verbreitet, es wäre fast unglaublich, daß man es selber gewesen ist, der am 16. 12. 1972 von der Spitze des Empire State Building in die Ferne geschaut, den Schmerz der Trennung von einem Freund, den Glauben an Fortschritt durch Rückschritt besessen oder nicht doch alles bloß geträumt hat. Mittels dieser Erläuterung jedenfalls bewahrheitet sich Calderons trauriger Lustspieltitel, gegen den eifrige Aufklärer vergebens Sturm gelaufen sind.

Im Hörselberg

WIEVIELE MÄRCHEN UND Sagen unserer Kindheit schilderten, wie da einer in Verwunschenheit gerät, in einen Berg, in einen Palast, gar nur in eine Hütte, aber immer in Verbergnis, wo er durch geheimen Bann in

Schlaf sinkt, um nach Jahrzehnten, manchmal Jahrhunderten, wieder ans Licht einer Gegenwart zu treten, die ihn nicht mehr kennt. Ganz deutlich die Erinnerung, daß mich damals die Dauer solchen Schlafes frappiert hat und mächtig angezogen: So einschlafen und erst aufwachen, sobald ein aktueller Kummer vorüber, ein Geburtstag heran, eine Leidenswende vollzogen wäre.

Dieser Schlaf! Diese Massen von Schlaf, wohlversehen, wie ich ahnte, mit Träumen, ja, wo die Träume sich häufen müßten, unsichtbare Ablagerungen, wachsende Schichten, die sowohl Rätsel enthielten wie lösten. Wie meine eigenen Träume, da ich in eigenartigen verlassenen Häusern, halben Ruinen fast, durch enge Röhrensysteme kroch, angstvoll eingeengt, dem Ersticken nahe und der Asche der Vergangenheit, die auf Dielen rieselte. Wo ich durch verschachtelte Museumsbauten wandelte, architektonische Konstruktionen, ähnlich den Entwürfen Piranesis, und wo in einem der letzten Räume ein rötliches und lebendes Etwas, eine Art vitales Plasma, unter Glas meiner harrte, anziehend und abstoßend zugleich: ein schwacher Abglanz der wirklichen Hörselberg-Träume, da ja während der langen Abwesenheit des Schläfers nichts anderes mehr existierte als sie, während die meinigen, durch die Kürze einer Nacht, nicht recht zur vollen Blüte gelangten und immer in der Vorahnung einer warm eingehüllten und lang anhaltenden, glücklichen und schaurigen Bewußtseinsferne verblieben.

Traumkauf

»Sie müssen ihn mir verkaufen. So wie Sie ihn erzählt haben, einen solchen brauche ich. Ich muß gestehen, so einen suche ich schon lange. Früher besaß ich selber eine kleine Auswahl, aber jetzt ist sie völlig aufgezehrt. Meine Nächte sind finster, nichts hebt mich über die Ohnmächtigkeit meines ausgeschalteten Bewußtseins tröstend hinweg. Der Morgen nach dem Aufwachen ist ganz leer. Kein verschwommener Eindruck, an den man sich erinnerte und dessen Verschwinden man noch eine Weile nachdenklich nachhängen könnte. Irgendetwas, das den Tag freundlicher einleitet!«

Bittere Worte, zugegeben. Und während des Sprechens nahm ihr Klang eine flehende Modulation an, weinerlich nahezu. Zwei größere Geldscheine erschienen und durchflatterten mit Hilfe der Rechten die Luft:

»Verkaufen Sie mir Ihren Traum!«

Obwohl beide Scheine, als stünden sie tatsächlich in Beziehung zu ornithologisch bekannten Lebensformen, Halt an mir suchten, einmal meine obere äußere Brusttasche, dann wieder meine Handfläche, dann sogar die Seitentaschen meiner Jacke in Betracht zu ziehen schienen, verscheuchte ich sie doch, wenn auch zaghaft.

»Unmöglich, ich kann meinen Traum nicht einfach weggeben, ich benötige ihn selber, er ist das letzte, was ich habe, und vermutlich würde ich mir nie wieder im Leben einen derartigen Traum leisten können!« Die Geldscheine hielten in der Bewegung inne, sekundenlang, sanken aus meinem Blickfeld in die Tiefe, während ihr Eigentümer den Kopf schüttelte, als hätte er meine eindeutigen Worte nicht verstanden: »Ich muß ihn haben!«

Und wie wenn die Scheine den Moment, da sie mir aus den Augen verschwunden waren, zu einem zeitgerafften biologischen Akt der Begattung, Schwangerschaft und Geburt benutzt hätten, tauchten beide erneut auf, durch einen dritten, einen Nachgeborenen vermehrt. Zugleich begann der Traumkäufer zu weinen, so daß es mir in der Seele weh tat, die damit ihren gegenwärtigen Aufenthaltsort hinter dem unteren Viertel meines Brustbeines zu erkennen gab. Zu ihrer Beruhigung klopfte ich dagegen, probierte zusätzlich einige massierende Griffe, aber sie gab nicht nach, für den Weinenden Mitempfinden zu produzieren, in der Art einer Speicheldrüse, die auf den Anblick besonders appetitlicher Speisen reagiert. In mir entstand eine geheime Angst, daß den Tränen aggressivere Formen des Bittens folgen möchten, Hinknien etwa und Händeküssen, gar Proskinese, Besabbern meiner frisch geputzten Schuhe, bereits jetzt ekelte ich mich davor, die durchweichten Schnürsenkel aufzuknoten; eventuell waren Selbstmorddrohungen zu erwarten, möglicherweise mit sich anschließender sofortiger Durchführung: Solchen Menschen, die unvermittelt und schamlos schluchzen können, auf Bestellung oder Eigenwunsch, ist alles Schlechte zuzutrauen. Um einen anderen ins Unrecht zu setzen, sind sie fähig, unerwartet von einer Brücke zu springen, von einem Aussichtsturm, aus einem Zimmerfenster, und ich war nur froh, daß weder das eine noch das andere in der Nähe war. Doch sobald ich das Zittern seiner Beine wahrnahm, die Hosenbeine fingen an wie schlaffe Segel im aufkommenden Wind zu wallen, kapitulierte ich und kam dem Kniefall mit einem Kompromißvorschlag zuvor:

»Verkaufen niemals!« wiederholte ich: »Aber wenigstens ausleihen. Ich leihe Ihnen den Traum aus, natürlich gegen eine Gebühr. Und nicht öfter als zweimal in der Woche und auch nur, weil Sie mir leidtun.«

»Wer hätte gedacht, daß Träume so knapp werden würden«, meinte er und verzog den Mund, ein verbindliches, verlegenes Lachen andeutend: »Wer hätte sich das jemals träumen lassen?!«

Leben, oder was davon übriggeblieben war, Bruchstücke, täglich unzusammenhängender, drifteten auseinander, hierhin, dorthin, ganz weg, bloß noch durch nächtlich substanzlose Beziehung in losem Kontakt miteinander: »Übermorgen erwarte ich ihn zurück!« und ließ der Mahnung eine Drohung folgen, die er jedoch kaum kapierte, schlummersüchtig und schlafgierig wie er vor mir stand, auf nichts anderes mehr versessen, als mit meinem Traum sich ins Bett zurückzuziehen. Und vermutlich war sein Beinbeben sowieso häufig erprobte Schauspielerei gewesen, da er auf diesen eben noch schwachen Auswüchsen seines rundlichen Rumpfes davoneilte. Immerhin brachte er das Ausgeliehene pünktlich zurück. Doch als ich unter meiner Decke lag, Dunkel um mich, merkte ich bereits, daß etwas mit meinem Traum nicht stimmte, fand aber, müdigkeitsgelähmt, keine Kraft mehr, Genaueres zu erkennen und versank in dem Brei aufquellender Bildhaftigkeit wie in einem Sumpf aus Vanillepudding. Anstelle Godivas, ihr Näherkommen verrät Hufschlag und weiße Haut auf braunem Fell, von deren Haarflut ich sonst umhüllt wurde, beugte sich jemand anders über mich, keine feuchten Lippen, keine Zusage bergender Heimstatt auf fremder ferner Insel, dafür knochiges Zugreifen, Klammern um alle Gelenke, operative Vornahmen möglicherweise vorbereitend, immer weiter zugedeckt von

Papier, Stapel, Tonnen, Gebirge von lauter Anweisungen und Verordnungen. Bist du der Tod, fragte ich und erhielt keine Antwort, und die Masten der Segelschiffe im Hafen, ihr Auf und Ab im Sonnenlicht, ihr Versprechen von Weite, von Reise und schützendem Unerreichbarsein verwandelt zu Gewehrläufen über marschierenden Schemen, ein Kreis gesichtsloser Gestalten, Stechschritt und Bajonett, wo vordem Bäume gestanden und melodiös gerauscht hatten, brüderlicher und mir zugeneigter als die unkenntliche Anzahl uniformierter Staketen. Überhaupt erwiesen sich die Wälder nach dem Erwachen als abgeholzt. Der Schlüssel hatte die Tür nicht aufgeschlossen, wie angekündigt, sondern gründlich versperrt. So daß ich aufatmete, da ich, schwerfällig und schlapp aufgestanden, ungehindert mein Schlafzimmer verlassen durfte, vor dem ich von da an einen gewissen Widerwillen zu empfinden begann. Mein Traum, gerade noch in groben Umrissen als einstmals meiner kenntlich, habe ich, statt ihn weiter auszuleihen, verschenkt. Beziehungsweise: verschenken wollen. Doch mein Kunde, obgleich anfangs so begierig ihn zu erstehen, mochte ihn nicht mehr nehmen, auch kostenlos nicht; daher bettete ich das verdorbene Etwas eines Morgens mit anderen Abfällen in der Mülltonne im Hof, hoffend, daß ihn dort keiner mehr finden und mir zutrauen und zurückbringen würde.

Aufwachen im Hotel

An einem Feiertag, wie etwa dem 1. Mai, in einer Seitenstraße Kölns mit dem Blick in eine schräg vom eigenen Blickpunkt verlaufende Gasse: Häuser der fünfziger Jahre, dreistöckig, grau alle, bestückt mit den anderswolängst verschwundenen Fernsehantennen. Im Hintergrund, noch vom Dunst des Morgens gemildert, ein eckiger Turm von IBM und der Himmel dazu im Stadium der Entschleierung: Noch nicht blau, aber die Bläue schon versprechend. Schwach berührt die erste Sonne die Fenster: Alle sind verhängt, zugezogen, abgeschirmt, aber so, als seien die Menschen längst aus den Häusern verschwunden und täuschten durch dicht geschlossene Gardinen vor, es verberge sich dahinter ihr Leben, Schlaf oder sonstwie geartete atmende Anwesenheit. Eine Glocke läutet aus der Ferne. Die Bürgersteige sind leer. Kein Auto unterwegs. Als sei Köln nur ein Dorf, das nicht erwacht ist, nicht mehr erwachen kann, aus dem Schlummer, in den es irgendwann unversehens und unvorsichtig gesunken ist, gleichgültig, daseinsüberdrüssig, endenswillig, so morgens um sieben, falls man dem Anblick einige Aufmerksamkeit widmet.

Das Fahrrad

Eines frühen Morgens stand es in unserer Auffahrt, soll aber die ganze Nacht hindurch bereits dagewesen sein, als hätte es sich selbständig eingefunden, ein fremdes, nicht ungefährliches Tier, mit seinem langausgezogenen und hochgebogenen Lenker, die Lackierung intakt, technisch anscheinend in gutem Zustand. Nachfragen bei Nachbarn brachten über seine Herkunft nichts heraus. Und obschon der Tag nahezu vergangen war, hatte sich niemand sehen lassen, der auch nur andeutungsweise in einer Beziehung zu dem Rad gestanden hätte. Am späten Abend meldete es immer noch durch Lichtreflexe auf den Chrompartien seine Anwesenheit. Trotz einer schwachen Hoffnung, es würde vielleicht in der Nacht weggeholt werden, fand es der erste gespannte Blick unverändert und wie erstorben an der gleichen Stelle: Steil an die hüfthohe Trennmauer zum Nachbargrundstück gelehnt, als sei der Fahrer eben abgestiegen und nur auf einen Moment irgendwo eingetreten. Aber die blanken Teile waren schon mit Rost überzogen, rötlich und stumpf, so daß es wirkte, als befände es sich viel länger an seiner Stelle. Ein Grund zur Besorgnis: Weil es so offenkundig gestohlen und ausgerechnet hier plaziert worden war, doch von wem und mit welcher Absicht, ließ sich kaum vermuten.

Ein oder zwei Tage vor dem Auftauchen des Fahrrades hatte es an der Haustür gepoltert, spätnachmittags, und ein Mann vor der Tür gestanden, unrasiert und weißstopplig, vor Trunkenheit nur undeutlich stammelnd, eine verkorkte Weinflasche in der Hand, die er geöffnet haben wollte, und jetzt: das Fahrrad. Ob da ein kausaler Zusammenhang bestand, verriet das Rad nicht. Vielleicht war es aus Rache in die Auffahrt gestellt worden, denn im Forttorkeln war nächtliche Wiederkehr angedroht worden, und möglicherweise nun das Fahrrad der Vorbote oder sogar der Beweis einer nächtlich lauernden und heimlichen Anwesenheit. Oder daß der gestohlene Gegenstand auf die starrsinnige und manische Entschlossenheit aufmerksam machen sollte, eine Beleidigung, oder was die blinde Trunkenheit dafür gehalten hatte, nicht hinzunehmen.

Nicht nur als Drohung stand es da, auch als Objekt unserer Verlegenheit, da der Verdacht des Diebstahls durch uns selber, zumindest der Benutzung fremden Eigentums in alkoholischer Euphorie, nahelag, oder doch von uns den anderen, die vorbeigingen und dabei den Kopf nach dem verwaisten Rad drehten, unterschoben wurde. Wie immer man es ansah, es hatte eine Verletzung der eigenen, fast »intim« zu nennenden Sphäre bewirkt: Die Dimension, innerhalb welcher noch ein beinahe körperliches Empfinden besteht, reicht ja weit über die Haut hinaus, über Hemd und Anzug und Blechkarosserie, bis an die Grenze unseres »Lebensraumes«, ein Territorium des Privaten, von dem anzunehmen ist, daß es sich erst in dem Augenblick geschichtlich gebildet hat, als es auch ökonomisch erreichbar wurde. Diese sensible Zone entsteht und wächst mit dem Vermögen des Einzelnen, Vermögen ganz pekuniär gemeint, seine Individualität räumlich auszudehnen. Daher das Unbehagen wie über eine Beschmutzung, über die dreiste Negierung unseres materiell manifestierten Selbst durch das ungehörige, nicht zugehörige Gebilde an der Mauer.

Wer es auch warum dort plaziert hatte, es demonstrierte jedenfalls einen Mangel an Hemmung, eine Bereitschaft zum Bruch aller Konventionen, und ersetzte den toten Hund, den man aus gleichen Motiven noch vor hundert Jahren einem über den Zaun zu werfen pflegte und beunruhigte uns selbst dann noch, als es auf so unerwartete Weise wieder verschwunden wie vordem gekommen war.

Merkwürdigkeit

Auffällig, dass unter allen diesen Monologen seit meinem Umzug in die Bundesrepublik keiner von diesem Umzug handelt, oder davon, daß der Ort des Schreibens und der Beschreibungen, der Arbeitsplatz ein anderer geworden ist. Warum solche Zurückhaltung, wo sie doch von keinen äußeren Umständen erzwungen wird? Wieso nicht wenigstens ein Aufatmen, ein Stoßseufzer, irgendeine Reaktion des Erleichtertseins, der Entlastung auf den Knick in der Biographie, den ihr bisheriger Verlauf nicht vorzeichnete?

Obwohl nichts zu verschweigen ist und nichts verschwiegen werden müßte, schweige ich doch und habe selber dieses Schweigen bis jetzt kaum wahrgenommen, vielleicht nicht wahrnehmen wollen – nun fällt es mir auf. Recht bedacht, scheint es der wortlose Versuch, Daseinskontinuität vorzutäuschen, vor allem sich selbst gegenüber, und so zu tun, als sei nichts Wesentliches geschehen als ein »zeitweiliger« Umzug, wo doch jedem, wahrscheinlich auch mir, klar ist, daß es sich dabei um den folgenschwersten Bruch in der Vita handelt, ohne ihn wirklich wahrhaben zu wollen, einfach weiterschreibend, thematisch treu, die deutsche Kluft, auf die hin meine Arbeit als überbrückend bezogen wurde, möglicherweise bloß ignorierend.

Unvorstellbar, daß die Ablösung vom eigenen Gestern derart schnell erfolgt sein soll, und wenn, so muß sie sich über einen langen Zeitraum vorbereitet haben und der Umzug, der Ortswechsel der letzte Anstoß gewesen sein, damit von mir abfiel und zurückblieb, womit ich längst nicht mehr identisch war: eine abgestorbene Haut.

Oder aber ich verdränge meine trüben Erfahrungen mit solchem Erfolg, daß das Vergessen (seine psychotherapeutische Funktion ist unübersehbar) ausufert und alles erfaßt, was vor dem entscheidenden Schritt über die Grenze diesen verursachte und mit ihm im Zusammenhang steht. Als habe ein besonderes Trauma seinen Bann über den Moment des Weggehens geworfen wie über den der Ankunft, des Angekommenseins, und spiegele mir vor, es habe sich nichts verändert, aber in einer absolut umgekehrten Symmetrie: Als hätte ich immer schon *hier* gesessen, in einer deutschen Fremde, die mir so wenig fremd ist, wobei mein ganzes bisheriges Leben auf ein unwesentliches Zwischenspiel schrumpfen will, indem das neue sich bis in eine ferne, sinnerfüllte, Befriedigung verheißende Zukunft erstreckt, die tatsächlich, nämlich zeitlich, solchermaßen gar nicht mehr möglich ist. Die Übermacht jedes gegenwärtigen Tages widerlegt gegen besseres Wissen und logische Einwände meine vergangenen Jahre und drängt sie hinab ins Reich der Schatten, wo sie, ob sie wollen oder nicht, deren Farbe annehmen.

Menschenbild

SCHON SPÄT NACHTS in Frankfurt nach der Buchmesse ins Hotel mit einem Taxi, dessen Fahrer nach einigem Zögern Namen und Identität seines Fahrgastes erfragte, ich mich also zu mir bekannte und sogleich erfuhr, er sei Leser einer öffentlichen Bibliothek, weil Bücher zu teuer wären. Aber, gestand er ein, viele Texte, insbesondere Gedichte, verstünde er auch gar nicht und ahne nicht, was da gesagt würde. Anscheinend hielt er sein Nichtverstehen für ein persönliches Versagen, fast eine geistige Behinderung, derer man sich schämen müsse, denn als ich ihm erklärte, wievieles in der Literatur mir verschlossen bliebe, Celan beispielsweise, und daß ich außerdem für Musik nahezu taub sei, taute er derart auf, daß er mir am Ende der Fahrt seinen Quittungsblock schenken wollte, damit ich mir selber Taxirechnungen ausstellen und diese dann von der Steuer absetzen könne. Ein unerwarteter und herzlich gemeinter Freundschaftsdienst, auf der Anstiftung zum Betrug basierend und einzig und allein aus der unverhofft erinnerten Tatsache heraus, daß zwar unser Geschmack und unsere Kenntnisse verschieden, ansonsten jedoch alle Menschen ziemlich gleich sind.

Überlebenstraining

UNVORBEREITET HINEINGEJAGT IN die Städte, unter die Räder und Fahrgestelle, unter das rasendgewordene Blech, im Zickzacklauf, hakenschlagend. Überwältigende Geometrie. Niederschmetternde Kubistik. Wo Wasser schöpfen in all dem verbleiten Staub, in dem giftigen Grün drohender Halme? Zwischen den nackten Auswürfen anonymer Anstalten, zwischen Verstörung und Verblödung mit den geringsten Widerstandswerten?

So überlebt man nicht, dazu muß man sich klein machen, kleiner, alle überflüssigen Teile aufgeben: Der Rest schafft es vielleicht. Solange der Schlund geht, geht es noch. Weniger Atem holen. Von den Wörtern nur die ganz leisen benutzen. Nichts mehr vergeuden. Abgeschnittene Nägel und Haare aufheben. Tränen und Speichel zentral einlagern. Energie sparen: Jeder Aufschrei könnte die Ressourcen endgültig erschöpfen. Keine Bewegung empfiehlt sich, und das sollte überall angeschlagen sein: Keine Bewegung und keine Regung. Grundsätze solcher Art müßten das Überlebenstraining vorbereiten helfen, das jedem von uns bevorsteht, und für das wir vor allem anderen klare Prinzipien brauchen, nötiger denn materielle Zuwendungen, die doch zu nichts anderem führen als zu neuen Hoffnungen, im Ernstfalle ungenießbaren. Das allerwichtigste ist nämlich die Ausbildung neuer Gewohnheiten. Nur wenn das Überleben zur Gewohnheit wird, wird Überleben erst möglich.

In Auflösung

Ein (möglicher) Gesetz: darin bestehend, daß zwischen unaufhaltsamer Differenzierung der Wissenschaften, des Wissens überhaupt, die es für den Einzelnen unmöglich macht, sein Wissens- oder Fachgebiet zu überblicken, und der Ausdehnung des Universums ein Zusammenhang besteht. Immer mehr kosmische Körper, immer fernere Quellen von Strahlung, von Signalen, von Gravitation, von unenträtselbaren Geschehnissen, die jedoch, als wollten sie den uralten Glauben bestätigen, wir seien das Zentrum, sich mit zunehmender Geschwindigkeit von uns fortbewegen. Im Augenblick neuer Entdeckungen werden wir uns auch sogleich wachsender Entfernungen bewußt. Die Objekte fallen unterschiedlichen Disziplinen zur Untersuchung anheim, mal der Physik, mal der Elektronik, mal der Chemie, mal der Biologie, Geologie, Vulkanologie, und die Vielzahl der Phänomene wird am Ende von einer Art interdisziplinärer Kosmologie zusammengerafft, die zu verbergen sucht, daß sie nichts anderes darstellt als eine Hypothese. Solche resümierenden Hypothesen finden wir nicht nur in Bezug auf die Entstehung des Universums, wir erblicken sie gleichermaßen im Bereich der Partikelforschung, der Klimatologie, ja, selbst der Soziologie, wo sie überall keine andere Funktion haben, als zu verhindern, daß wir der Auflösung innewerden.

Perspektivenwechsel

Die Gegenwart, die sich gegen die Zukunft sträubt, wird, sobald diese eintritt, ins Unrecht gesetzt, das die Vergangenheit immer hat. Einmal werden daher Störfälle in Atomkraftwerken (wie der in Harrisburg), das Überschreiten der Toleranzgrenze durch Strahlung, Chemikalien, pharmazeutische Intoxikation nicht als Katastrophen erscheinen, sondern vielmehr als der Beginn einer neuen Epoche breiter gefächerter menschlicher Möglichkeiten. Ein Mensch mit zwölf Fingern ist nur ein Ausnahmefall, gemessen an der Norm. Doch wenn die Mutationen global zunehmen und ganz unerwartete Geschöpfe zeugen, überraschende Kombinationen, Zweiköpfigkeit, Dreiarmigkeit, Beinlosigkeit, oder andererseits die absolute Hypertrophie einzelner Teile, ein Bündel von Beinen ohne sonstiges, ein überdimensionaler Kopf abzüglich des Rumpfes oder ausschließlich Rumpf, vielleicht mit einem Auge irgendwo, das sich starr auf den Fernseher richtet, um für den Rest seines Daseins zufrieden zu sein – dann sind zwölf Finger nicht mal des Aufhebens wert.

Der Geschichtsschreibung dieser Zeit jedoch, wie jede auf Bejahung des Bestehenden getrimmt oder zumindest kritisch dem unausdenkbaren Gestern gegenüber, und weil außerdem ihre Autoren zur Generation der bereits körperlich Veränderten gehören, müssen alle verklungenen Proteste, das längst verhallte Geschrei, nur noch wie Maschinenstürmerei vorkommen, wie der rückständige Versuch, die Evolution aufzuhalten: Betrachtet man diese von Anbeginn an als eine förderungswürdige Zunahme von Vielfalt, so darf man sich nicht nur mit seinen zwölf Fingern abfinden, sondern eher noch über ihre mindere Anzahl enttäuscht sein.

Lebenshilflosigkeit

ANGENEHME METHODEN, NICHT zu leben, sucht jeder. Sich der Drohung entziehen, die »Leben« heißt, weil, was überhaupt noch Leben zu sein scheint, von der überwältigenden Genormtheit des allgemeinen Alltags abweicht und schon durch das Abweichen Gefahren heraufbeschwört und Beklommenheit vermittelt. Nicht das allein. Leben so begriffen, gerät dadurch ins Licht des beinahe Kriminellen. Wer nicht seine acht Stunden im Büro absitzt, im Laden absteht, brav sein Süppchen ißt, seine Frau arbeitsteilig beschäftigt, gewohnte und erwartete Worte zu gewohnter Zeit mit anderen wechselt, ein Scheinbild der Welt genießt, bunte Tänze, dünne Gesänge, sein Verhalten also nach einem Verhaltenskodex richtet, gilt als aus dem umfassenden Erwerbsprozeß ausgeschieden: Ein Arbeitsloser entweder, der ebenfalls eine Norm zu erfüllen hat, oder wenn das nicht, dann eine verdächtige Figur, wovon lebt sie, was steht sie vormittags am Fenster, wieso spaziert sie nachts umher, wahrscheinlich ein Jemand, der, falls man ihn einordnen müßte, was in solchem Falle schwerfiele, unter die »Subjekte« zu zählen wäre. Nur einem Künstler verzeihen wir ungeordnetes Dasein, da wir irrtümlich für schöpferisches Chaos halten, was eine andere Ordnung, eine unerkennbare Disziplin darstellt. Entschuldigt solche Figur aber keine eindeutige Kreativität, gerät sie in Verdacht.

Das mildere Adverb nennt sie »ausgeflippt«, das bösere »asozial«, denn dahinter verbirgt sich schon die Drohung, der Zwang, das Arbeitslager. Verschärft wird das Pejorativ durch Neid: Der lebt, wie er will, und nicht, wie er muß. Ergo: Er lebt. Wir hingegen kommen nie dazu, sparen es uns für den Feierabend auf, das Leben, wo wir wieder zu müde sind, und vertagen es bis zum Urlaub, an dem wir es auch nicht schaffen, weil die Zeit zu kurz ist. Irgend etwas mißlingt uns immer damit. Wir würden gerne leben, ein richtiges Leben natürlich, wäre es nicht mit gesellschaftlicher Achtung verbunden. Wirkliches Leben ist beinahe schon anachronistisch. Oder nonkonformistisch, aber dann ist es bloß ein mühevoll vorgeführter Beweis, also auch kein Leben. Auf jeden Fall scheuen wir davor zurück. Ein Wagnis, zu groß für unseren Kleinmut. Darum suchen wir für das Nichtleben, zu dem wir ohnehin verdammt sind, den leichtesten und schmerzlosesten Modus, der den Zweck hat, uns vom entsetzenerregenden Zustand dauernden Vereiteltseins auf angenehme Art abzulenken.

Signal

Nach den kontinuierlichen Aufzeichnungen der letzten Monate merke ich, wie ich mich wieder von mir als Objekt der Notate abkehre, fast unmerklich für mich selber. Reflexionen über den in der Welt herrschenden Wahn nehmen zu und endlich überhand. Der Vorgang signalisiert, wie leicht wir von uns abzulenken sind. Uns dem Außen zuwendend, vernachlässigen wir, was unser wichtigster Gegenstand sein sollte: Unser Selbst.

Ob dies ein Plädoyer für Meditation ist, weiß ich nicht zu entscheiden. Manchmal jedenfalls neide ich in Momenten des Aufmerkens, wie eben diesem, allen jenen, die die Fähigkeit besitzen, sich in sich selber zu versenken, nahe der Trance, träumend und zugleich hellwach für in ihnen unbewußt gespeicherte, ihnen noch unbekannte Bilder, deren ungesteuertes, wie von selber geschehendes Erscheinen etwas eröffnet, was sich der ganz und gar in Welthändel Verwickelte nicht recht vorzustellen vermag. Daher erliegt er rasch der Bezauberung, dem Versprechen geheimer visueller Epiphanien, wenn er sich in ihrem Hervorrufen übe. Aber ich fürchte, dieses Versprechen ist leer, bleibt unerfüllt und wird bestenfalls von den hilflosen Feerien im Schlaf flüchtig eingelöst, statt von erhofften Visionen.

Ich immerhin, der Stille und Muße hätte, also beide Voraussetzungen für die Einkehr ins innere Reich der Sinne und keineswegs skeptisch zu solchem Unterfangen stehe, kapituliere vor meiner Schwäche, die mich am Betreten solcher Regionen hindert. Vielleicht blockiert die Ungunst geschichtlicher Zeit, was den Mystikern aller Religionen, zu denen ich mich inständig gerne zählen würde, derart leichtfiel. Oder es fehlt mir nur eine Spur von Glauben, von Gläubigkeit, jenes minimale Gran, das die Katalyse bewirkte, während welcher man sich verwandelt, ohne Ahnung, in was, in wen, in einen anderen wohl, den man verborgen immer in sich getragen hat und der nun zu sich selber kommen darf – wäre das nicht das einzig erstrebenswerte Ziel jenseits der Befriedigung materieller Bedürfnisse? Die Verwirklichung eines Selbst, das es überhaupt erst zu entdecken oder zu erfinden gilt.

Der Wahrheit näherkommen

Entkleidet der Überzeugungen: Nackt also hat man sich ihr zu nähern, der Nackten. In den Sturmnächten, wenn wir nicht wissen, wie wir morgen erwachen und ob überhaupt, unter dem lebendigen Anschwellen und Abklingen des Winddrucks, jeder von uns ein leeres, trockenes Blatt und rasch verweht, wagten wir uns nur vor die Tür. Aber das lassen wir lieber. Wenn man sich der Wahrheit naht, kann es nur unversehens sein, etwa aus Zufall oder Irrtum. In einem ungeschützten Moment, da der Ehrgeiz abgelegt ist, der Neid, der Stolz, die Einbildung, lauter Behinderungen wie dicke, zugeknöpfte Wintermäntel übereinander, durch die hindurch wir unantastbar geworden sind. Aber die Wahrheit, um sie als solche zu verstehen, bedarf der körperlichen Berührung, zumindest einer Art körperlicher Berührung oder doch wenigstens, daß sie so empfunden wird, hinter oder sogar unter der Haut, bis in die Knochen, tief im Gekröse: So berührt werden verheißt, daß noch Leben vorhanden ist, etwas, unerklärbar durch sein molekulares Agieren und von seiner Masse sich immer mühsamer erneuernder Zellen eher verheimlicht als klargestellt. Aber es ist, als könne der leichte und kurze Kontakt stets nur Ahnungen erzeugen, daß im Verein mit der Wahrheit, irgendeiner, egal welcher, aus uns etwas würde, das die Ummantelungen überflüssig machte: vergebliche Hoffnung, Erreger von Illusion, die, pro Jahrhundert mindestens einmal epidemisch, zu massenhafter Bewegung führt, die bald in neuer Enttäuschung, in neuer Ahnung erstirbt.

Zu Bildern von Bomarzo

Es mag wohl seltsam klingen, daß gerade ich, ein Schriftsteller, der in jeder Hinsicht durch das Wort lebt, eine eigentümliche Genugtuung darin findet, daß Worte niemals zu endgültigen Erklärungen für alle Erscheinungen in unserem Gesichtskreis führen können. Wie arm, oder genauer: Wie noch ärmer wäre sonst die Welt. Ein Jahrhundert quasi religiöser Hingabe an Wissenschaft und Technik hat genügt, alles Uneindeutige, das wir nicht mehr »Geheimnis« zu nennen wagen, im allgemeinen Bewußtsein zu entwerten. Nur das Meßbare gilt; die Rechnung hat immer aufzugehen; unter dem Strich muß ein Saldo ausgewiesen sein, der Nutzen verspricht. Dort jedoch, wo trotz großer Mühen zwei mal zwei nicht vier ergibt, wo sich das Objekt dem blinden Zweckdenken, den banalen Absichten nicht unterwirft, da ist es unserer Verstörung oder sogar Ablehnung sicher.

So wandeln wir, weil diese Fortbewegungsart von solcher Umgebung erzwungen wird, durch den »Parco di Mostri«, durch den »Garten der Ungeheuer« bei Bomarzo, nördlich von Rom, und können uns auf das, worauf unser Blick fällt, keinen rechten Reim machen, obwohl wir doch alle daran gewöhnt sind, jedes Phänomen rasch einzuordnen, um es zu neutralisieren und zu vergessen. Hier versagt dieser Mechanismus.

Daß die Anlage von den Orsinis im 16. Jahrhundert begonnen wurde und Bildhauer aus vielen europäischen Gegenden ihre Einfälle direkt aus dem gewachsenen Felsen heraus gestalteten, bleibt für uns ohne Belang. Selbst da, wo wir geschichtliche Bezüge erkennen, wie etwa in der dramatischen Gruppe des Elefanten mit dem römischen Legionär, der, wehrlos dem Tier ausgeliefert, schon vom Rüssel ergriffen, eine augenfällige Reminiszenz an die Punischen Kriege, an Hannibals Einmarsch in Italien darstellt, deckt die historische Assoziation das Bildwerk nicht völlig. Es scheint, als sei die Szene nur vorgeschoben und eigentlich noch etwas ganz anderes gemeint, das zu verstehen uns der Schlüssel fehlt. Gleichermaßen ergeht es uns vor der Nymphe, deren Beine zu gespreizten Fischschwänzen exhibitionistisch und hemmungslos ausufern. Unser Wissen von antiken Göttern und Gestalten und von ihrer späteren Verwandlung zu Sagenfiguren, enträtselt nicht dieses mächtige Geschöpf, das so natürlich gesteinsgeboren wirkt, daß der Gedanke an Steinmetzarbeit sich gar nicht erst einstellt. So geht es dem Betrachter vor allen Skulpturen: Es ist ihm, als seien sie eines gewesenen Tages durch deckende Schichten an die Oberfläche gestiegen und ans Licht getreten, an dieses besondere latinische Licht, um irgendwann, möglicherweise sehr bald, wieder in der nicht geheuren Tiefe zu versinken. Sie erscheinen als Abbilder unterirdischer Mächte, die, sonst amorph, sich beim Zutagetreten in diesen Formen auskristallisierten. Denn man vermutet unterhalb ihrer sichtbaren, aber reglosen Partien noch weitere wesentliche, immer noch unerstarrt und in sachter Bewegung befindlich: Darum ist jenes Antlitz mit dem Maul, durch das man eintritt, um in einem Rachen Platz zu nehmen, so bedrohlich: Weil der übrige Leib noch im Felsen steckt, Inkarnation des Felsens ist, und unverhofft, während wir uns in seinem Schädel aufhalten, uns verschlingen könnte – eine unheimliche, selbst von hartgesotteneren Besuchern verspürte Ahnung.

Und wie furchtbar und zugleich mitleiderregend jene Figuren, die den Rückzug in die Ewigkeit schon wieder angetreten haben: Ihrer Extremitäten verlustig, fast nur noch Rümpfe, überwuchert vom Aussatz der Flechten und Moose, liegen sie da wie Opfer einer längst verlorenen Schlacht oder eines vergessenen, schrecklichen Rituals, das einstmals hier an fleischlichen Vorgängern vollzogen wurde – vielleicht sind diese gerade noch erkennbaren Steinkörper der letzte Hinweis darauf, die Warnung, sich vor dem Einsinken in allzu ferne Vergangenheit zu hüten.

Entgegen jeder kunsthistorischen Kenntnis: Es ist dies ein Ort des Mysteriums. Wie sich in den Kulten archaischer Frühe der Mensch den Gewalten der Natur verband, vom Schauder plötzlich wiedererlangter Einheit ergriffen, so rührt auch den zivilisationsstumpfesten Besucher von Bomarzo etwas Unmittelbares an, dem sich zu entziehen schwerfällt. Man wähnt sich – und ich wage jetzt, das Wort ohne Anführungszeichen auszusprechen – dem Geheimnis näher, jedenfalls näher als anderswo, vorausgesetzt, daß man sich dessen überhaupt noch sicher ist: Das ist keine Bewußtseinssache.

Inmitten aller plastischen Verrätselungen, die durch

Verwitterung nur enigmatischer geworden sind, glaubt man sich einer Lösung auf der Spur: Ob nicht alles Geheimnis an seinem Ursprung absolute Klarheit gewesen, fragt man sich, die sich nur durch Verschwinden des erschließenden zeitgenössischen und kulturellen Kontextes ins völlig Sphinxhafte verkehrt habe, so daß, was die Zeit übrigließ, befreit ist, und zwar von nichts anderem als dem einstigen Zweck und Sinn. Wenn aber Geheimnis heißt, sowohl frei von Zweck und Sinn zu sein wie frei damit für jede Annäherung, dann ist auch klar, woher sein unaufhörlicher Reiz stammt – aus der belebenden Spekulation, dem unbegreiflich Gewordenen Sinn abzugewinnen oder zu unterlegen, doch ohne Hoffnung auf enttäuschenden Erfolg. Gerade weil es sich uns verweigert, fesselt es uns um so mehr. Von dieser Eigenschaft des Wissenwollens ist keiner ausgenommen. Sie führt die einen in den Weltraum, die anderen in Meerestiefen, und uns, die weniger Heroischen, vor Kunstgebilde, die mehr widerspiegeln als unser Gesicht.

Denn was uns derart fremd entgegentritt, daß wir darüber erstaunen oder sogar erschrecken, ist kaum Geringeres als die unbekannte Seite unseres eigenen Wesens, zu Kunst und Künstlichkeit verfestigt, entstanden ohne die Ahnung, es handele sich um ein genaues Selbstportrait unseres inneren Aussehens.

Erst wenn es uns wieder gelingt, aus der visuellen Sintflut steigender Nichtigkeiten aufzutauchen und erneut sehen zu lernen, werden wir erkennen und begreifen, daß die bildnerische Fantastik, die Fantasmagorie, die weder Wille zur Repräsentanz noch Herrschaftsabsicht einengt und lenkt, weitaus realistischer ist als angenommen – in einem psychoanalytischen Sinne.

Wie überwältigend daher die Sichtbarwerdung entfesselter Tagträume, von der Patina ihres Alterns durch die Jahrhunderte zu vieldeutigen Symbolen gemacht, die uns etwas mitteilen wollen, während wir staunend und verblüfft vor ihnen stehen: Aus dem Abgrund unserer eigenen Seele eine Botschaft, die jeder dieser steinernen Gäste unaufgefordert für uns persönlich bereithält.

•

Steine

WIE ICH MICH zu den Steinen geflüchtet habe, weiß ich heute nicht mehr. Warum, schon eher: Weil sie weniger gnadenlos sind als Menschen, als jene, die sich ewig anmaßen, jedem eine Lebensroute vorzuzeichnen, fern von Höhen und Tiefen, geradewegs durch die alltäglichste Ödnis, und von der abzuweichen auf die eine oder andere Art tödlich ist. Darum fühle ich mich im Angesicht blickloser und stummer Petrefakte geborgener. Ihr Schweigen ehrt mich, ihre Gelassenheit besänftigt meine Angst und meine Unruhe. Auch sehen sie immer aus, als umschlössen sie ein Inkluse oder ein Geheimnis, ein verborgenes Einsprengsel, und zwar von so unleugbarer Mächtigkeit wie das Schaddai, den einsamen Konsonanten, der für den Namen Gottes steht, einer dreizinkigen, aufgerichteten Gabel ähnlich, die Spitzen durch rundliche Punkte entschärft. Ob aber einer aus der vielfältigen Familie der Granite, Porphyre, Sandsteine, Gneise und Glimmer das Zeichen birgt, den Beweis, kann keines Geologen Hammer bestätigen. Nur daß sie, die Steine, ständig einen Inhalt zu versprechen scheinen und daß es darauf ankomme, im Vertrauen auf diesen nicht nachzulassen, irgendeiner unter Abermillionen würde nicht enttäuschen. Das und manches andere bindet mich zusätzlich an sie und ihr unmerkliches Dasein.

Ahnung

Mit wieviel Überzeugung und Selbstbewußtsein beginnen wir, Energie einzusparen, rechnen wir um, wieviel Kilokalorien wir aufbringen und umwandeln müssen, um wiederum Kilokalorien zu erzeugen, eine meist negative Bilanz übrigens, und nehmen, als spiele sich der Fortschritt direkt vor unseren Augen ab, beruhigt wahr, mit welchem Erfindungsreichtum, mit welch einfallsreicher Technik das Problem schwindender Reserven angegangen wird. Tröstliche alternative Möglichkeiten zur Energiegewinnung werden zum Thema intensiver Gespräche. Im persönlichen Bereich jedenfalls suchen wir schon, die Verschwendung und Verluste von Energie einzuschränken. Noch schafft es Befriedigung, noch ist es ein Spiel wie zu der Zeit, als die Elektrizität aufkam, der Explosionsmotor, praktisch und zugleich unausschöpfbarer Stoff für Witzblätter.

Aber wenn wir demnächst täglich werden berechnen müssen, wieviel Energie wir überhaupt individuell noch verwenden dürfen, und zwar nicht allein zum Kochen, Heizen und Fahren, sondern diffiziler und damit schlimmer: Ob wir noch ein zweites Mal ungestraft telefonieren können, das Licht einschalten ohne eventuelle Repressalien, bügeln und waschen, einen Brief schreiben, ein Kleid nähen, ein Bild malen, weil jeder uns zugestandene Vorrat erschöpft ist – wenn es erst soweit ist, werden uns die sich schon heute ankündigenden Maßnahmen technischer Kontrolle und Überwachung aller zwecks vollkommener Ausnutzung aller Ressourcen kaum noch begeistern oder unser geneigtes Interesse finden, da das Überwältigtwerden von Technik sich wiederholt, nur auf andere Weise, eine, die ebenfalls unvoraussehbar war wie einst vordem.

Prometheus II

Dass die Menschen nicht beides zugleich besitzen konnten, nämlich das Feuer, allererste Voraussetzung zur Erhaltung und anhaltender Reproduktion ihres Lebens, und dann auch noch die Fähigkeit der Zukunftskenntnis, war daseinsnotwendig.

Denn die Gabe der Vorausschau bezog sich ja keineswegs auf künftige Katastrophen, vor deren latenter Drohung die Menschen bewahrt werden sollten, sondern auf die Gewißheit, sich selber und alles andere bis zum Ende wiederholen zu müssen. Die voraussichtliche und unabsehbare Tragik besteht im schmerzlichen Bewußtsein, unaufhörliche Wiederholungen im Kleinen wie im Großen wären unser Schicksal wie gleichermaßen unsere Existenzbedingung. Sähen wir ihre lähmende, bestenfalls modifizierbare Wiederkehr früh genug ab, wir versuchten, uns diesem Zwang zu entziehen, was nur durch Selbstvernichtung möglich wäre. Im Geschenk des Feuers, in der Totalität all dessen, was es in sich einschließt und bedingt, liegt der Fluch der Wiederholung beschlossen. Hätten wir die Prophetie behalten wollen, wir hätten auf das Feuer und damit auf andere Weise auf die Dauerhaftigkeit menschlichen Seins verzichten müssen.

So oder so: Prometheus hat uns unseres existentiellen Wissens beraubt, um uns lebensfähig zu machen, aber wenn wir allein ohne solches Wissen lebensfähig sind, bleiben wir auch unserer eigenen Blindheit ausgeliefert, aus der heraus wir mit Hilfe des alle zivilisatorische Technik begründenden Geschenkes an der Aufhebung jeglichen Lebens arbeiten. Auf die eine wie die andere Art sind wir verraten und verkauft. So oder so: Prometheus wurde dafür zu Recht von den Göttern bestraft.

Über die Ablösung

Sowenig kehren wir zur Natur zurück in wahlweisen Lebensanstrengungen wie zur eigenen Kindheit. Was uns bewegt, ist Erinnern an ein Übereinstimmen; wenn nicht mit den Eltern, dann mit den Freunden, den Spielkameraden oder auch nur mit dem Spiel selber, mit einer Gemeinschaft, zu der ein Haustier schon genügen mag, mit Büchern und ihren Figuren, mit den Abenteuern aus fremder Fantasie, bunten Filmen, bunten Bildern. Als Einklang wird erinnert, was Aufgehen des noch diffusen Ichs in ein Gefühl der Zusammengehörigkeit mit irgendwem oder irgendwas war. Nicht diesem Gefühl selber, aber seinen Anlässen begegnen wir heute verständnislos und verwundert wieder, enttäuscht, daß es nicht die ehemalige Wirkung erzeugt. Unsere Eltern, unsere Freunde von einst sind uns fremd geworden, die Umarmung verrät es, vielleicht weil wir selber uns so fremd geworden sind, und unsere Sehnsucht, das alte Verhältnis wiederherzustellen, erweist sich als flüchtiges Sentiment. Einmal abgelöst von den Objekten unserer

Affekte, finden wir in ihnen keine Heimat mehr – wie keine mehr in der Natur.

Evolution

Das Nichts faltet sich symmetrisch auseinander, soweit der gefährdete Anfang, denn Symmetrie bedeutet Vernichtung, also rasch eine einseitige Disproportion, damit die interstellaren Wolken entstehen, die Planeten, die Zirkulationen, Winde, Gezeiten, auch Wälder, welche sich mit dem jeweiligen Klima wunderlich wandeln, mal Steinkohle werden, mal Ausflugsziel, von der innersten Leere der Menschen an trostlosen Nachmittagen als heilsamer Aufenthaltsort ersehnt, heilige Haine, friedliche Forste, bedroht bald durch Kühlschrank und Telefon, Sechszylinder und kategorischen Imperativ, den Ursprung der Arten, Mehrwertteilhabe, molekularen Zerfall, neue Symmetrie: Ost hie, West da, und anhaltende »Endlösung«, aus theoretisch fundierten Gründen Millionen und wieder Millionen auslöschend, blutig und beispiellos, ganze Gattungen zum Aussterben bestimmend, Luft und Wasser verderbend, um die Voraussetzung zu schaffen, damit sich alles am Ende wieder zusammenfalte und gewesen war, ohne daß dafür irgendwer oder irgendwas verantwortlich gewesen ist.

»Blown in the wind«

Wenn erst der Wind durch die Wände bläst, wissen wir mehr von uns. Unser Schicksal: daß wir immerzu uns vergessen. Aber Schicksal wie auch Vergessen sind Zeichen von Schwäche. Statt unter dem jeweiligen äußeren Druck und getreu natürlichen Vorbildern eine Gegenform anzunehmen, oder, wie Tiefseefische, einen inneren Ausgleich auszubilden, so daß die Pression nicht nur passiv ertragen, sondern aktiv nutzbar wird, erliegen wir ihr nur allzuoft. Nicht zuletzt, weil wir sie mit objektivierenden Worten verschleiern, sie zur historischen Notwendigkeit verfälschen, wodurch sie nahezu unsichtbar für den wird, den sie so drückend betrifft.

Das gleiche gilt für das Vergessen. Daß man selber für sich selbst da ist, für kein Funktionssystem, welches, indem es sich dauernd als solches in Vergessenheit bringen muß, seine Unmenschlichkeit zugibt – und mit dieser unaufhebbar behaftet sein dürfte, kommt man nicht endlich zu sich. Zu sich kommen wie im gewöhnlichen Sprachgebrauch: zu Bewußtsein. Bleibt das aus, dann werden wir erst im letzten Moment, wenn der Wind durch die Wände, wenn es zu spät ist, erfahren, was es mit uns auf sich gehabt hat.

Unerkennbarkeit

Eines der unheimlichsten Traumbilder, von dem ich hörte oder las, ohne die Quelle zu erinnern, was das Bedrückende des Bildes eher noch verstärkt, besteht darin, daß jemand unter Aufbietung aller körperlichen Kräfte vor sich hinrennt, ziellos, in einem Wahnsinnstempo. Irgendwann, bald, wie ich glaube, taucht vor ihm eine ebenfalls rennende Gestalt auf, als sei sie zeitlich vor ihm gestartet. Er sieht ihren Rücken, den Hinterkopf, das zerdrückte, schon schüttere Haar, die Kleidung schäbig, die Arme arbeiten wie Kolben, doch alles geht lautlos vor sich. Immer mehr nähert er sich der Gestalt, bis er zu erkennen glaubt, daß niemand anders vor ihm läuft als er selber. Er weiß nicht, ob es sich um den sichtlichen Beweis der Relativitätstheorie handelt, bewirkt von der enormen Geschwindigkeit, oder um eine Luftspiegelung oder was sonst. Während er seine Eile noch erhöht, um sich zu überholen, fürchtet er den Moment, da er sein eigenes atemloses, verzweifeltes Gesicht sähe, und daß zur gleichen Zeit etwas Unerahnbares geschehen müßte.

Die Auflösung des Bildes habe ich vergessen, und mir schwebt nur eine schwache Tagvariante vor, mit mir selber als doppelt Beteiligtem, und ich empfinde den Schrecken nach, wenn auch vielfach verringert, den solch ein Traum auszulösen imstande ist.

Nach Kanada

Im Eisenbahnabteil auf der Rückfahrt von Irgendwo nach Itzehoe und nachdem wir spät ins Gespräch gekommen, redete sie, eine hübsche Mischung aus Frau, Mädchen und Modeblatterscheinung, immer hastiger auf mich ein, als schaffe sie es sonst vor Ankunft des Zuges nicht mehr, ihre allerwichtigste Mitteilung loszuwerden: Nach Kanada wolle sie auswandern. Mit ihrem Mann. Ihr Ziel liege fest, man werde abseits der Zivilisation hausen, in einem Blockhaus, selbstgebaut, und von eigener Hände Unternehmen leben. Es gehe darum, frei zu sein, und zwar gründlich. Dies sei ihr letzter Besuch in Itzehoe bei ihren Eltern und Freunden, die sie vielleicht niemals mehr in ihrem Leben wiedersehe, denn Geld für erneute Besuche hätten sie keins. Das sei der Preis der Freiheit, den müsse man zahlen; dazu sei sie bereit, obwohl er, wie sie spüre, ständig steige, aber auch ihr Wissen über sich selber ständig erweitere. Möglicherweise wäre alles falsch, was sie da tue, doch sei sie viel reifer geworden. Und darauf komme es doch an, auf sonst gar nichts.

Gleich nach unserer Ankunft stieg sie in die erste Taxe vor dem Ausgang, nickte noch einmal abschiednehmend und eigentlich mehr für sich als für mich vor sich hin und fuhr, ohne Blick für ihren Geburtsort, den langen, langen Weg nach Kanada davon.

Benjamins Angelus Novus

WÄHREND ER IN die Vergangenheit blickt und mit dem Rücken zur Zukunft fliegt, aus der ein starker Wind bläst, fehlt ihm nicht nur jede Ahnung, wohin er gelangen wird; diese Position muß selbst für einen Engel derart schwierig sein, daß sie überhaupt auszuhalten alle seine Kräfte beansprucht.

Und erst aus seinem so seltsamen Anblick geht wie aus einem Rebus der Kindheit die geheime Botschaft hervor, von der Benjamin nicht genau wissen mochte, was sie wirklich enthielt, als er seinen Engel der Geschichte in solche fliegende Zwangslage versetzte. Daß es schon nicht mehr darum geht, auf widersprüchliche Weise rückwärts voranzukommen, sondern nur noch auf eines: nicht abzustürzen. Löst sich der Blick vom heimatlich Gewesenen, nimmt das Wehen zu, mag zu unserem Entsetzen, das dann wohl unser allerletztes wäre, der Luftakrobat wie Ikarus enden.

Bei Itzehoe

DIESE BERUHIGENDE STARRE in mir und in der Natur: Als befänden wir uns beide auf einer Fotografie; einander zugewandt, zusammengehörig. Es ist lange her, daß ich das wünschte und erreichte es erst jetzt hinter der nächsten Ecke, wo die Landschaft beginnt. Flächen und etwas wie Anhebungen, Waldstücke, die zu keinem Wald mehr sich schließen; Nässe unter dem Gras, der Fuß sinkt ein; ein Globus aus lasch aufgeblasenem Gummi verbirgt sich unter den dichten Halmen; im Hintergrund Rinder, weiß-braun gefleckt, eifrig malmend und mahlend, als hätten sie es eilig, schlachtreif zu werden, und doch stellen sie das Fressen ein und kommen voller Neugierde zutraulich näher. Die Verhaltensforschung hat ihnen Gefühle bescheinigt und andere Menschenähnlichkeit: Tränen zu weinen, wenn sie sich unglücklich fühlen, etwa beim Verlust eines Kindes, eines Kalbes, das man ihnen auf Nimmerwiedersehen entführt. Vielleicht ist darum der Fleischpreis so hoch.

Später bezieht sich der Himmel wieder, Gräue schwebt heran, Schichten überlagern die Gegend, in der ein Leben weitergeht, man weiß nicht wie.

Fußnote zum Fortschreiten

VON JENSEITS DER Katastrophe gibt es keine Nachricht. Keine Vorstellung, selbst die vom Genius des Schreckens beflügelte, kann sich ein Bild vom Hernach machen. Vielleicht wieseln kleine Tiere, möglicherweise noch menschenähnlich, durch verödete Landstriche, etwas wie schwachbehaarte Erdhörnchen, die ängstlich davonhuschen, wenn ein Sonnenstrahl sie trifft. Ihre fiependen Laute sollen wohl besagen, daß das Leben weitergehe; daß es keinen Grund zum Pessimismus gäbe; daß man seine Hoffnung behalten und auf die Zukunft bauen müsse. Aber ob sie länger als einige Tage oder Wochen lebensfähig sind, das zu entscheiden wäre schon spekulativ und vermessen. Denkbar, daß sie todkrank geboren werden, um nach kurzem Dasein mitten im Umherhuschen umzufallen und sogleich zu verwesen oder auch überhaupt nicht, weil ihre chemische Zusammensetzung sie für alle Zeiten konserviert. Ihre Mumien bedeckten ganze Gegenden, falls tatsächlich die Zellen ihres Gewebes entsprechend strukturiert wurden. Wir werden es nie erfahren. Wir wissen nicht, was mit uns wird, und ob wir unsere bisherige Erscheinungsweise festhalten können. Drohende Anzeichen liegen vor, Hinweise existieren vor unser aller Augen und ganz offen, die wir dennoch nicht zu erkennen und zu deuten vermögen. Als hätten wir uns auf einen Weg begeben, der mit lauter warnenden Markierungen versehen ist, die uns nichts sagen, weil man uns den erklärenden Hinweis dafür vorenthalten hat. Und selbst wenn wir ihn besäßen: Gibt es denn überhaupt einen anderen Weg als diesen – einen, der anderswohin führen würde als in die Irre?

Verspätete Monologe

Ausser diesem Titel – spontan schon vor Monaten gefunden, um die Veröffentlichung einzelner Textstücke zusammenfassend zu benennen – ist mir kein anderer mehr für das hier vorliegende Buch eingefallen. Von ihm her erhalten alle Stücke eine zusätzliche Bedeutung, denn jedes ist ein Selbstgespräch, und alle entstanden gründlich verspätet, fast wäre ich geneigt zu sagen: zu spät. Was sie an Überlegungen enthalten, hätte ich früher wissen können. Hast du dich vielleicht, so fragt sich der Autor, solcher Einsichten verweigert und wenn ja, warum?

War die Gruppe der drei Heiligen Affen dein Vorbild, die gestisch demonstriert, wie man nichts sieht, nichts hört, nichts sagt? Dagegen läßt sich einwenden, derart abgetrennt von der Umwelt nie gewesen zu sein. Meine eigene Lage hat mir die schirmenden Hände von den Augen und Ohren und Lippen gelöst. Nur: Zwischen Erkennen und Vernehmen der Wahrheit (was immer das ist) bis zu ihrem Aussprechen führt manchmal ein verschlungener Weg durch die Gehirnwindungen, dessen Länge der Betroffene häufig nicht selber bestimmen kann.

»Alles braucht seine Zeit« – Alibibehauptung für Zögern, Zurückhaltung, sogar Zagen: insgesamt Vorsicht vor der Konsequenz des Denkens. Das weiß man schon. Aber trotz des Zauderns und Sichverspätens, hat wenigstens kein Ausweichen vor der Konsequenz stattgefunden. Ich habe mit mir selber geredet, jeden Tag, auch nachts, ach, oft genug, und lange Zeit gebraucht, bis ich mich wirklich selber verstanden habe. Das schließt die Selbsttäuschung nicht aus, so wenig wie sich im allgemeinen unsere Irrtümer verhindern lassen, an denen wir sterben, von denen wir aber auch leben. Wovon denn sonst?

Inhalt

Günter Kunert
im Carl Hanser Verlag

Tagträume
Prosa. 1964

Die Beerdigung findet in aller Stille statt
Erzählungen. 1968

Warnung vor Spiegeln
Gedichte. 1970

Tagträume in Berlin und andernorts
Kleine Prosa, Erzählungen, Aufsätze. 1972

Gast aus England
Erzählung. 1973

Im weiteren Fortgang
Gedichte. 1974

Warum schreiben
Notizen zur Literatur. 1976

Unterwegs nach Utopia
Gedichte. 1977

Camera obscura
Prosa. 1978

Verlangen nach Bomarzo
Reisegedichte. 1978

Die Schreie der Fledermäuse
Geschichten, Gedichte, Aufsätze.
Herausgegeben von D. E. Zimmer. 1979

Kunert lesen
Herausgegeben von Michael Krüger. 1979

Ulenspiegel
Zeitschrift für Literatur, Kunst und Satire
Ein Querschnitt von 1945 bis 1950
Herausgegeben von H. Sandberg und G. Kunert. 1979

Abtötungsverfahren
Gedichte. 1980